일리아스 III
The Ilias

003 · 3/3

fly over an apartment with silver wings

일리아스 III

The Ilias

호메로스 지음
제미나이 · S 편역

복두(더)

서문 및 해설

1. 호메로스와 ≪일리아스≫의 탄생

≪일리아스≫는 대략 기원전 8세기에 활동한 고대 그리스 시인 호메로스의 서사시로 알려져 있다. 이 작품은 독창적인 상상력과 창조성이 '레게노'급이었다는 평가를 받으며, 호메로스를 모든 작가 중 가장 위대한 존재로 만들었다. 그의 작품은 마치 야생의 낙원처럼 무한한 아름다움, 생동감 넘치는 묘사 그리고 활기찬 영혼의 힘(vivida vis animi)을 고스란히 담고 있다.

호메로스의 플롯은 아킬레우스의 분노라는 짧고 단순한 주제에서 출발했지만, 이 작은 씨앗으로부터 놀랍도록 방대한 사건과 아킬레우스, 헥토르, 오디세우스 등 다양한 인물들의 성격을 세밀하게 묘사해냈다. 이 짜임새는 후대 서사시 작가들의 모범이자 원천이 되었다. 또한, 신들이 인간 세상에

개입하는 경이로운 우화는 시적 장치로서 작품의 위엄을 더해주었다.

2. 저작권 통일성 논쟁과 버클리의 견해

고대부터 '호메로스 문제'라 불리는 논쟁이 계속되었다. 과연 호메로스라는 한 개인이 ≪일리아스≫와 ≪오디세이아≫를 썼을까, 아니면 여러 시인의 단편들을 후대에 짜깁기한 결과물일까? 17세기 말 벤틀리나 19세기 울프 같은 학자들은 작품의 통일성에 의문을 제기하며, 구전되던 노래들이 기원전 6세기경에 비로소 하나의 서사시 형태로 엮였다는 가설을 내놓았다.

하지만 이 서문의 저자인 알로이스 버클리 목사는 시의 '통일성'에 대한 강한 확신을 드러낸다. 그는 미세한 언어 분석보다는 시가 전달하는 깊은 감동과 영혼의 즉각적인 깨달음에 호소했다. ≪일리아스≫ 같은 작품은 여러 단편의 모음이 아닌, 하나의 위대한 원칙과 거대한 비전을 가진 단 한 작가의 작품에서만 탄생할 수 있다는 것이다. 호메로스를 오랫동안 진심으로 읽는 독자라면, 이 작품이 인류에게 가장 큰 영향을 미친 위대한 작가의 '갓생'이 담긴 작품이라는 확신을 갖게 될 것이라고 그는 결론지었다.

차례

19 아킬레우스와 아가멤논의 화해 | 9
20 신들의 전투와 아킬레우스의 분노 | 46
21 스카만데르 강에서의 전투 | 91
22 헥토르의 죽음 | 146
23 파트로클로스를 기리는 장례 경기 | 164
24 헥토르 시신의 반환 | 184

19

아킬레우스와 아가멤논의 화해

시간 배경 : 30일째가 되는 날
장소 배경 : 해변

아킬레우스에게 갑옷을 가져오는 테티스

　오로라가 동쪽 수평선 위, 파도들 위로 붉게 물든 뺨을 들어 올리자마자(새로운 날의 빛으로 필멸자들의 시야를 기쁘게 하고, 성스러운 빛으로

하늘의 궁정들을 밝히기 위해), 어머니 여신은
불멸의 무기들을 그녀의 아들에게 재빨리 날랐다.
그녀는 파트로클로스의 시신 위로 펼쳐진 채 눈물
속에 잠긴 아들을 발견했고, 나머지 모든 사람들은
그들 자신의 슬픔들 속에서 주권자의 슬픔을
표현하고 있었다.

 신성한 광선이 그녀의 천상의 존재를 뿌렸고,
테티스는 그의 손을 부드럽게 만지며 말했다.

 "나의 아들아, 이 슬픔의 분노를 억누르고
알아야 합니다. 그 타격을 준 것은 인간이 아니라
하늘이었습니다. 헤파이스토스에 의해 베풀어진
이 무기들을 보십시오. 당신에게 합당하고, 한 신을
빛내기에 적합한 무기들입니다."

 그런 다음 빛나는 짐을 땅 위에 떨어뜨렸다. 강한
무기들이 쨍그랑거리는 소리가 해변들 주위로

울렸다. 두려운 놀라움에 뮈르미돈인들이 뒤로 움찔했고, 넓은 광채로부터 그들의 눈들을 돌렸다.

움직이지 않고 영웅은 그 광경에 불타올랐고, 신성한 분노로 그의 가슴이 불타는 것을 느꼈다. 그의 맹렬한 눈알들로부터 살아있는 불꽃들이 끊임없이 번쩍이며 흘러나왔다. 그는 빛나는 선물을 돌려보며 불멸의 예술가가 구상했던 모든 것에 마음을 집중했다.

"오, 여신이여!" 그가 외쳤다. "이 영광스러운 무기들은 비길 데 없는 예술로 빛나는 신성한 손을 고백합니다. 이제 피비린내 나는 전투로 제가 저의 길을 굽히게 하십시오. 그러나 아, 저의 학살당한 친구의 유물들은! 파리들과 추잡한 벌레들이 그의 정신이 달아났던 그 넓은 상처들 속에서 죽은 이를 더럽힐 것입니까?"

"그 헛된 보살핌은 옆에 놓으십시오," 푸른빛의 여신이 그녀의 아들에게 대답했다. "온 해 동안 만져지지 않고 상처 입지 않은 채로 남아 있을 것입니다. 학살당한 이의 시신은 삶에서처럼 신선하게 유지될 것입니다. 그러나 아킬레우스여, 일들이 요구하는 대로 가십시오. 그리스 귀족들 앞에서 당신의 분노를 포기하십시오. 그런 다음 통제되지 않은 채 끝없는 전쟁에 참여하고, 하늘이 당신의 강력한 분노에 힘을 공급하게 하십시오!"

그런 다음 그녀는 죽임을 당한 이의 콧구멍에 넥타르 물방울을 붓고, 풍부한 암브로시아를 시신 전체에 소나기처럼 내렸다. 파리들은 그들의 먹이를 금지당했고, 시신은 만져지지 않은 채 부패로부터 성스럽게 쉬었다.

아킬레우스는 순종적으로 해변으로 갔고,

해변들은 그가 보낸 목소리로 반향했다. 영웅들은 그 목소리를 들었고, 함대를 보살피거나 그들을 바다 위로 인도하는 모든 해군 무리는 놀라고 황홀경에 빠져 잘 알려진 그 소리에 귀를 기울였다. 그들은 오랫동안 전투에서 잃었던 들판의 공포가 다시 무기들 속에서 빛나는 것을 보기 위해 열심이었다.

티데우스의 아들 디오메데스와 오디세우스가 그들의 상처들로 절뚝거리며 창에 기대어 먼저 나타났다. 이들이 회의의 성스러운 자리에 놓이자, 인간들의 왕 아가멤논이 마지막으로 왔다. 그도 아게노르의 아들에게 심하게 상처 입은 상태였다.

아킬레우스가 한가운데에서 일어나 시작했다.

"오, 군주여! 당신과 저 그리고 모든 그리스 국가의 운명은 훨씬 더 좋았을 것입니다. 미친

열정에 지배되어 우리가 검은 눈의 처녀 때문에
무모하게 다투었던 그날 이전에, 먼저
아르테미스가 그녀의 다트를 급파하고 빛나는
해악을 심장에 쏘았더라면 얼마나 좋았겠습니까!
그때 많은 영웅들이 해변을 누르지 않았을 것이고,
트로이의 즐거운 들판들이 우리의 피로
비옥해지지 않았을 것입니다. 그리스는 우리가
야기한 비통함들을 길고 길게 애통해할 것이고,
슬픈 후세가 그 이야기를 반복할 것입니다. 그러나
이것은 더 이상 논쟁의 주제가 아니며, 그것은
지나갔고 잊혔으며 운명에 양도되었습니다. 아아,
필멸의 인간인 제가 결코 죽지 않을 분노로 불타야
하는 이유는 무엇입니까? 그러니 여기서 저의
분노는 끝납니다. 전쟁이 뒤따르게 하십시오.
그리고 그리스가 피 흘렸듯이 일리온도 피 흘리게

하십시오. 이제 군대들을 부르십시오. 그리고 우리의 시야 속에서 트로이가 감히 두 번째 밤을 진을 칠지 시험해 보십시오! 저는 그들의 가장 강력한 자가 이 팔을 알 때 황홀경과 함께 달아나고 기쁨과 함께 평온을 찾을 것입니다."

그가 말했다. 그의 끝난 분노에 그리스인들은 큰 환호성으로 받아들이고 펠리데스의 이름을 외쳤다.

그런 다음 인간들의 왕 아가멤논은 그의 숭고한 왕좌에서 일어나지 않고, 움직이지 않는 상태에서 시작했다.

"나의 말을 들으십시오, 그리스의 아들들이여! 침묵 속에 들으시고, 당신들의 군주에게 공정한 귀를 허락하십시오. 잠시 당신들의 시끄럽고 때아닌 기쁨을 중단하고, 당신들의 무모하고 불의한 소란들을 끝내게 하십시오. 무질서한 웅성거림이나 때아닌 박수갈채는 가장 좋은 연설가에게, 그리고 가장 정당한 대의에게 잘못을 저지르는 것입니다. 그리스인들이여, 그 끔찍한 논쟁으로 저를 비난하지 마십시오. 알아야 합니다. 분노한 제우스와 모든 것을 강요하는 운명이, 끔찍한 에린뉘스(복수의 여신)와 함께 제가 아킬레우스의 팔들로부터 전리품을 강제로 빼앗았던 그날 저의 분노를 재촉했습니다. 그때 제가 하늘의 의지에 맞서 무엇을 할 수 있었겠습니까? 저 자신에 의해서가 아니라, 복수심에 찬 아테에 의해 몰아붙여졌습니다. 그녀는 필멸의 존재들을 괴롭히도록 운명 지어진 제우스의 무서운 딸이며, 저의 가슴 속으로 들어왔습니다. 그 오만한 분노는 땅 위를 밟지 않고, 그녀의 숭고한 발자국들을 강력한 사람들의 머리 위로 찍으며, 그녀가 가는 동안 오래 곪는 상처들과 풀 수 없는 비통함들을 내립니다! 옛날에 그녀는 밝은 거처들 한가운데를 성큼성큼 걸었고, 심지어 세상의 위대한 통치자인 제우스 자신도 그녀의 독 있는 다트를 느꼈습니다. 헤라의 속임수들과 여성의 예술에 속아 넘어갔기 때문입니다. 왜냐하면 알크메네의 아홉 달이 끝났을 때, 그리고 제우스가 그의 불멸의 아들을 기대했을 때, 그는 신들과 여신들에게 그 무질서한 기쁨을 보여주었고, 그의 비길 데 없는 아들에 대해 허풍을 떨었습니다. '우리로부터 오늘 한 아기가 나옵니다. 통치하도록 운명 지어지고 왕들의 왕으로 태어납니다'라고 그는 말했습니다. 사투르니아 헤라는 그 진실을 보증하고, 그

총애받는 젊은이에게 통치를 확고하게 할 맹세를
요구했습니다. 그 벼락을 던지는 신은 그 속임수를
의심하지 않고, 한 신을 묶는 그 엄숙한 말들을
선언했습니다. 기뻐하는 여신은 올림푸스의
높이에서 아카이아의 아르고스를 향해 재빨리
그녀의 비행을 굽혔습니다. 겨우 일곱 달이 지나
스테넬루스의 아내가 누워 있었을 때, 그녀는
그녀의 꾸물거리는 아기를 삶 속으로 밀어
넣었습니다. 그녀의 매력들은 알크메네의
다가오는 노고들을 멈추게 하고, 막 낮으로
나오려는 아기를 멈추게 했습니다. 그런 다음
사투르니우스에게 그의 맹세를 마음속에 두라고
명령합니다. '오늘 제우스의 불멸의 종류로 한
젊은이가 태어났습니다'라고 그녀는 말했습니다.
'그는 스테넬루스로부터 나오고 왕들의 왕이

되겠다는 당신의 약속을 주장합니다.' 슬픔이 그 맹세에 의해 묶인 벼락을 던지는 신을 사로잡았습니다. 영혼에 찔려 그는 슬퍼했고, 그는 격노했습니다. 그녀가 앉아 있었던 곳에서, 그의 암브로시아 머리에서 그는 논쟁의 분노 여신을 낚아챘고, 그 무섭고 취소할 수 없는 맹세를 그는 맹세했습니다. 불멸의 자리들은 그녀를 더 이상 결코 보지 못할 것이라고 말입니다. 그리고 그녀를 머리부터 아래로 던져버렸습니다. 영원히 쫓겨나 밝은 올림푸스와 별이 박힌 하늘에서 말입니다. 거기서부터 그 분노는 아래 세상으로 쓰러져, 인간들의 다투는 종족과 함께 살도록 운명 지어졌습니다. 아주 자주 신은 그의 아들의 힘든 노고들을 한탄했고, 끔찍한 분노를 저주하며 비밀리에 신음했습니다. 심지어 제우스 자신처럼 저 역시 잘못 이끌렸습니다. 격노하는 헥토르가 우리의 진영들을 죽은 이들로 쌓는 동안 말입니다. 저의 분노의 잘못을 무엇이 속죄할 수 있겠습니까? 저의 호전적인 군대들과 저의 보물들은 당신의 것입니다. 이 순간 함대로부터 오디세우스가 당신의 천막에서 약속했던 무엇이든 보내질 것입니다. 그러나 당신은 달래져서 우리의 기도에 호의적으로, 당신의 무기들을 되찾고 다시 전쟁 속에서 빛나십시오."

"오, 민족들의 왕이여! 당신의 우월한 통치가 우리의 모든 군대들을 복종시키네!" 아킬레우스가 되돌려 말했다. "선물들을 지키거나 보내는 것은 당신의 보살핌이 되게 하십시오. 우리에게는 똑같습니다. 우리가 요구하는 모든 것은 전쟁입니다. 우리가 아직 이야기하거나 싸움을 한순간만 피하는 동안, 우리의 영광스러운 일은 이루어지지 않고 남아 있습니다. 나의 창이 트로이 줄들을 혼란스럽게 하고 주위에 파괴를 다루는 것을 보는 모든 그리스인들은, 제가 경쟁심으로 행동하는 것을 살펴보고, 거기서부터 그날의 일을 배우게 하십시오."

펠레우스의 아들은 이렇게 대답했고, 회의에서 위대하고 현명한 이타쿠스 오디세우스가 말했다.

"비록 신과 같으시므로 당신이 어떤 노고들로도 압도되지 않겠지만, 적어도 우리의 군대들은 식사와 휴식을 요구합니다. 싸움은 길고 힘든 것이 될 것이며, 신들의 영감을 받고 그리고 당신에 의해 이끌릴 때 더욱 그러할 것입니다. 힘은 정신들과 피로부터 얻어지고, 그것들은 관대한 와인과 음식으로 증가됩니다. 어떤 허풍 떠는 전쟁의

아들이 그 지지 없이 하루 동안 영웅으로 지속될
수 있겠습니까? 용기는 재촉할 수도 있지만, 그의
힘이 쇠약해지는 단순히 지탱받지 않는 인간은
마침내 항복해야 합니다. 마른 굶주림으로
움츠러들고 노고들로 쇠약해져 축 처진 몸은
마음을 버릴 것입니다. 그러나 힘을 주는 음식으로
새롭게 만들어진, 길들여지지 않은 사지들과
영혼으로 그는 전쟁을 지치게 합니다. 그러니
백성들을 해산시키고, 강한 식사로 모든 부대를
활기차게 하라고 명령을 주십시오. 그러나
아킬레우스에게 만들어진 선물들은, 모든
그리스의 완전한 회의에서 놓이게 하십시오.
인간들의 왕은 공적인 시야에서 일어설 것이고,
의식에 순종하여 그녀가 왔을 때처럼 흠 없이
떠나고, 그의 팔들로부터 순수하고 그의 사랑들에

죄가 없다는 것을 엄숙하게 맹세할 것입니다.
그것이 행해지면 화려한 잔치가 만들어질 것이고,
상처 입은 명예의 완전한 대가가 지불될 것입니다.
오, 왕자여! 더 이상 앞으로는 당신의 주권적인
힘을 이성과 권리의 한계를 넘어 확장하지
마십시오. 힘으로 그들이 잘못을 저지른 사람들을
정의로 바로잡는 것이 왕들에게 속했던 가장
주요한 칭찬입니다."

군주가 그에게 말했다. "당신의 결정은
정당합니다. 당신의 말들은 기쁨을 주고 지혜가
당신 안에서 숨 쉬네. 각 마땅한 속죄를 기꺼이
나는 준비하네. 그리고 하늘이 제가 정당하게
맹세하는 것을 존중하기를! 그러니 여기서 잠시
동안 모인 그리스가 머무르게 하십시오. 그리고
위대한 아킬레우스가 이 짧은 지연을 불평하지

않기를 바랍니다. 우리의 선물들이 함대로부터
운반될 때까지, 그리고 제우스가 증언하며 확고한
계약이 만들어질 때까지 말입니다. 고귀한
젊은이들의 무리가 그 임무를 나를 것입니다.
이들을 선택하는 것은 오디세우스, 당신의
보살핌이 되게 하십시오. 우리의 모든 선물들이
순서대로 정렬되어 나타나게 하시고, 아름다운
포로들의 무리가 후방을 닫게 하십시오.
탈티비우스가 희생 제물인 멧돼지를 운반할
것입니다. 제우스와 저기 밝은 낮의 구체에
성스러운 그 멧돼지를 말입니다."

"이것을 위해서는 엄격한 아이아코스
아킬레우스가 대답합니다. 전쟁의 엄격한 분노가
끝났을 때, 그리고 분노가 소멸되어 더 이상 저의
가슴을 불태우지 않을 때, 어떤 덜 중요한 계절이

충분할 수도 있습니다. 헥토르에게 죽임을 당한 그들의 얼굴들을 하늘로 향하게 한, 모든 벌어진 상처들로 무시무시한 우리의 영웅들이 누워 있습니다. 그들은 전쟁을 부릅니다! 그리고 만약 저의 목소리가 흥분시킨다면, 이제, 이제 이 순간 싸움이 시작될 것입니다. 그런 다음 낮이 완전해졌을 때 관대한 잔들이, 그리고 풍성한 잔치들이 너희의 지친 영혼들을 기쁘게 하십시오. 저의 만족하지 않는 분노가 피로 가득 차기 전까지, 저의 입맛이 음식의 맛을 알지 못하게 하십시오. 저의 친구는 창백한 채 누워 있고 상처들로 기형이 되었으며, 그의 차가운 발들은 문을 향하고 있습니다. 복수가 저의 영혼의 전부입니다! 더 비열한 보살핌, 이익 혹은 생각은 거기서 머물 공간이 없습니다. 파괴가 저의 잔치가 되게 하시고,

필멸의 상처들, 그리고 피의 장면들, 그리고
고뇌하는 소리들이 저의 만족이 되게 하십시오."

"오, 그리스인들 중에서 첫 번째여!"
오디세우스가 되받아쳤다. "용사 종류의 가장
훌륭하고 가장 용감한 자여! 당신의 찬사는
무시무시한 진영들에서 빛나는 것이지만, 저의
것은 늙은 경험과 침착한 지혜입니다. 그러니 저의
조언을 들으시고 이성에 굴복하십시오. 가장
용감한 자들도 곧 들판에 만족합니다. 비록 진홍색
평원을 흩뿌리는 더미들이 광대할지라도,
피비린내 나는 수확물은 거의 이익을 가져오지
않습니다. 정복의 저울은 항상 흔들리며 놓여
있습니다. 위대한 제우스가 그것을 돌리기만 하면
승리자는 죽습니다! 위대한 자들, 대담한 자들은
수천 명씩 매일 쓰러지고, 모든 사람들을 위해 우는

슬픔은 끝이 없을 것입니다. 영원한 슬픔들을 쏟아내는 것이 무슨 소용이 있습니까? 그리스는 엄숙한 단식들로 죽은 이들을 존중하지 않습니다. 죽음이 용감한 자를 요구할 때, 한 가지 우울한 날의 공물을 지불하는 것으로 충분합니다. 한 명의 족장은 인내심으로 무덤에 양도되었고, 우리의 보살핌은 뒤에 남겨진 다른 이들에게 돌아갑니다. 관대한 음식이 힘의 공급을 만들어내게 하십시오. 활기찬 즙으로부터 솟아나는 정신들이 흐르게 하십시오. 그들의 따뜻한 머리들이 전투의 장면들로 불타오르게 하시고, 더 연약한 적에게 새로운 분노들을 쏟아 부으십시오. 아직 짧은 간격이 있고 아무도 전쟁으로의 두 번째 소환을 기대하지 않을 것입니다. 그것을 기다리는 자는 만약 그가 배들 속에서 떨며 뒤처진다면, 끔찍한

결과들을 발견할 것입니다. 몸이 합쳐져 전투로
우리의 길을 굽히게 하십시오. 그리고 한꺼번에
오만한 트로이에게 내려가십시오."

  그리고 이제 대리자들은 오디세우스를
보냈는데, 왕의 천막에서 선물들을 나르기
위해서였다. 네스토르의 아들들, 필레우스의
용맹한 상속자, 전쟁의 벼락들인 티아스와 메리온,
크레이온 혈통의 뤼코메데스와 멜라니푸스가
선택된 무리를 형성했다. 명령이 주어지자마자
젊은이들은 빠르게 복종했다. 그들은 스무 개의
밝은 잔들을 한가운데에 놓았고, 여섯 개의
아름다운 삼각대들의 한 줄이 다음으로 뒤따랐다.
그리고 높이 튀어 오르는 말들의 두 배의 수였다.
일곱 명의 포로들이 다음으로 사랑스러운 줄을
구성했고, 여덟 번째인 브리세이스는 꽃다운

장미처럼 밝은 무리를 달았다. 위대한 이타쿠스가 앞에서, 무리들 중에서 첫 번째로 황금 달란트들을 날랐다. 나머지는 공적인 시야에서 족장들이 처리했고, 화려한 장면이었다.

그런 다음 아가멤논이 일어섰다. 탈티비우스가 멧돼지를 붙잡고 있었고, 그리스인의 영주는 그의 넓은 초승달 모양의 검을 그의 검 옆에 칼집에서 뽑았다. 그는 희생 제물의 눈썹에서 고집스러운 털들을 자르고, 제물로 바치며 그의 맹세를 숙고했다. 그의 손들을 들어 올린 채 증언하는 하늘들에게, 그의 눈들은 하늘의 넓은 대리석 지붕에 고정되었다.

"증인이 되라, 너는 첫 번째여! 너는 위의 가장 위대한 힘이여! 모든 것을 선하고, 모든 것을 현명하고, 모든 것을 살피는 제우스여! 그리고 어머니 땅, 그리고 하늘의 굴러가는 빛이여! 그리고 너희 밤의 영역들의 끔찍한 여신들이여! 죽은 이들을 다스리고, 맹세를 어긴 왕들과 거짓으로 맹세하는 모든 이들을 위해 끔찍한 비통함들을 준비하는 자들이여! 그 검은 눈의 처녀는 침해받지 않은 채 물러나며, 저의 남성적인 사랑들을 순수하게 알지 못했습니다. 만약 이것이 거짓이라면 하늘이 그것의 모든 복수를 내리고, 수평을 이룬 천둥이 저의 죄 있는 머리를 치기를 바랍니다!"

그것과 함께 그의 무기가 깊이 상처를 입혔고, 피 흘리는 야만인은 땅에 굴러 떨어졌다. 성스러운 전령은 학살된 희생 제물을 (물고기들을 위한 잔치로) 거품 내는 바다 속으로 굴려 넣었다.

그런 다음 아킬레우스가 말했다. "들으십시오,

그리스인들이여! 그리고 아십시오. 우리가 느끼는 것이 무엇이든, 그것은 제우스가 비통함을 내린 것입니다. 그렇지 않았더라면 아가멤논이 우리의 분노를 불태울 수 없었고, 저의 팔들로부터 내키지 않는 그 여인을 강제로 빼앗을 수 없었을 것입니다. 그것은 제우스의 높은 의지였고, 모든 것을 지배하는 그가 우리의 다툼을 운명지었고, 그리스인들이 쓰러지도록 운명지었습니다. 그러니 가십시오, 너희 족장들이여! 즐거운 의식을 탐닉하십시오. 아킬레우스가 너희를 기다리고 싸움을 기대합니다."

그의 말에 회의는 빠르게 중단되었고, 모든 그리스인들은 그들의 검은 배들로 돌아갔다.

아킬레우스는 그의 천막을 찾았고, 그의 무리는 그들이 나르는 선물들로 몸을 굽힌 채 앞에

행진했다. 시종들이 천막들에서 그것들을
부지런히 펼쳤고, 거품을 내는 말들을 마구간으로
이끌었다. 여성 포로들이 그들의 새로운 자리들로
움직였다.

 아름다운 브리세이스는 사랑의 여왕처럼
빛났고, 천천히 그녀가 지나가는 동안 슬픈
시선으로 잔인한 상처들로 갈라진 파트로클로스가
누워 있는 곳을 보았다. 시신 위로 엎드려진 채 그
천상의 아름다운 여인은 쓰러졌고, 그녀의 슬픈
가슴을 때리고 그녀의 황금 머리카락을 찢었다.
슬픔 속에서 모두 아름다운 그녀의 축축한 눈들은
눈물들과 함께 빛나며 그녀는 들어 올리고 이렇게
외쳤다.

 "아, 영원히 소중한 젊은이, 영원히 친절한 자여!
한때 저의 정신이 산란할 때의 부드러운

친구였습니다! 저는 당신을 삶 속에서 신선하게, 아름다움 속에서 명랑하게 남겨두었는데, 이제 당신을 차갑고 생명 없는 흙덩이로 발견합니다! 무슨 비통함들이 저의 비참한 삶의 종족에 따르는 것입니까! 슬픔들이 슬픔들 위에 결코 끝나도록 운명지어지지 않았습니다! 저의 처녀 침대의 첫 번째 사랑하는 배우자는 이 눈들 앞에서 치명적인 전투에서 피 흘렸습니다. 저의 용감한 세 명의 형제들은 한 가지 슬픈 날에 모두 어둡고 돌이킬 수 없는 길을 밟았습니다. 당신의 친절한 손이 평원에서 저를 일으켜 세우고, 한 남편이 죽임을 당한 저의 슬픔들을 말려주었습니다. 당신은 제가 아킬레우스의 보살핌을 증명할 것이라고 약속했습니다. 그의 사랑의 첫 번째, 가장 소중한 동반자가 될 것이라고 말입니다. 신성한 의식들이 그 끈을 비준하고, 저를 그의 고향 땅에서 여제로 만들 것이라고 말입니다. (첫사랑의 풋풋함이 깊은 관계로 발전할 것이라는 정서적 교감과 호기심이 담긴 약속이었죠.) 이 감사한 눈물들을 받으십시오! 그들은 당신을 위해 흐릅니다. 다른 사람의 비통함을 항상 느꼈던 당신을 위해 말입니다!"

그녀의 자매 포로들은 신음으로 신음에 대답했고, 파트로클로스의 운명이 아니라 그들 자신의 것을 슬퍼했다.

지도자들은 모든 면에서 그 족장을 압박했다. 그는 움직이지 않고 그들의 말을 들었고 한숨들과 함께 거부했다.

"만약 아직 아킬레우스가 그를 기쁘게 하려는 보살핌을 가진 친구가 있다면, 이 요청을

삼가십시오. 저기 저 태양이 내려갈 때까지 슬픔과 고뇌에 하루 동안 금식하게 하십시오."

그는 말했다. 그리고 용사들로부터 그의 얼굴을 돌렸다. 그러나 아트레우스의 종족의 형제 왕들, 네스토르, 이도메네우스, 현명한 오디세우스, 그리고 포이닉스는 그의 슬픔과 분노를 진정시키려 애썼다. 그들은 그의 분노를 진정시키지 못했고 그의 슬픔을 통제하지 못했다. 그는 신음하고, 격노하고, 그의 영혼으로부터 그는 슬퍼했다.

"너도 파트로클로스여!" 이렇게 그의 심장을 그는 내뿜는다. "한때 우리의 천막들에서 초대하는 잔치를 펼쳤네. 너의 달콤한 사교성, 너의 마음을 끄는 보살핌은 한때 아킬레우스를 전쟁으로 돌진하는 그를 멈추게 했네. 그러나 이제 아아,

죽음의 차가운 팔들에게 양도되었으니, 어떤 잔치가 복수 외에 나의 마음을 기쁘게 할 수 있겠는가? 만약 백발의 펠레우스가 죽었더라면 더 무엇이겠는가? 어떤 더 큰 슬픔이 나의 가슴을 괴롭힐 수 있겠는가? 그는 이제 아마도 프티아에서 그의 아들의 슬픈 운명을 듣기를 두려워하고 있고 부드러운 눈물을 떨어뜨릴 것이다. 더 무엇이 용감한 네오프톨레무스, 나의 유일한 자손이 무덤으로 가라앉는다면 나를 괴롭히겠는가? 만약 그 자손이 살아 있다면 저는 멀리 떨어져 모든 것을 소홀히 하고 혐오스러운 전쟁을 벌이고 있습니다. 저는 이 잔인한 타격을 견딜 수 없었습니다. 운명은 아킬레우스를 요구했지만, 나의 친구는 살려둘 수도 있었습니다. 저는 파트로클로스가 살아남아, 부모의 보살핌으로 저의 부드러운 고아를 키울 수 있기를 바랐습니다. 스키로스 섬에서 그를 바다 건너 인도하고, 그의 아버지의 통치로 그의 눈들을 기쁘게 할 수 있기를 말입니다. 높은 궁전 그리고 넓은 영토를! 왜냐하면 펠레우스는 더 이상 생명의 공기를 숨 쉬지 않습니다. 혹은 나이와 보살핌의 비참한 삶을 질질 끌고 가다가, 저의 슬픈 운명의 소식이 그의 서두르는 영혼을 침범하고 그를 그림자들로 가라앉게 할 것입니다."

한숨 쉬며 그는 말했다. 그의 슬픔에 영웅들이 합류하고, 각자는 그가 뒤에 남긴 것을 위해 눈물 한 방울을 훔쳤다.

그들의 뒤섞인 슬픔을 하늘의 아버지가 내려다보았고, 연민으로 그의 푸른 눈의 처녀에게 말했다.

"그렇다면 아킬레우스는 이제 더 이상 너의

보살핌이 아닌가? 그리고 너는 이렇게 전쟁에서 위대한 이를 버리는가? 보라, 저기 저 돛들이 그들의 돛 날개들을 확장하는 곳에, 모든 위로가 없는 채로 그는 앉아 그의 친구를 위해 통곡하네. 갈증과 부족함이 그의 힘들을 압도하기 전에, 서둘러서 그의 가슴에 암브로시아를 주입하라."

그는 말했다. 그리고 제우스의 말에 여신은 갑자기 위에서 내려왔다. 그렇게 빠르게 하늘을 통해 날카로운 하르피아가 튀어 오르고, 넓은 공기는 그녀의 넓은 날개들로 떠다녔다. 그녀는 위대한 아킬레우스에게 그녀의 비행을 향했고, 그의 가슴에 신성한 암브로시아를 부었다. 달콤한 넥타르와 함께 신들의 회복제였다. 그런 다음 빠르게 올라가 밝은 거처들을 찾았다.

이제 용사 무리가 배들로부터 나왔고, 홍수처럼

평원 위로 쏟아졌다. 꿰뚫는 북풍의 돌풍들이 불어 닥치고, 들판들 위로 몰아치는 눈을 흩뿌릴 때처럼, 어두운 구름들로부터 양털 같은 겨울이 날아가고, 그것의 눈부신 광채가 모든 하늘들을 하얗게 할 때처럼. 그렇게 투구들이 투구들을 잇고, 방패들이 방패들로부터 빠른 광선들을 잡고 모든 들판들을 밝게 했다. 넓게 빛나는 흉갑들과 뾰족한 광선들을 가진 창들이 하나의 흐름 속에서 섞이고 불꽃 위에 불꽃을 반사했다. 말들이 튀어 오르는 동안 중심은 두껍게 뛰었고, 광채로 하늘들이 불꽃을 일으키고 주위의 들판들이 웃었다.

나머지 사람들 위로 높이 탑처럼 아킬레우스가 가운데 가득하게 섰고, 그의 사지들은 신성한 무기들 속에 입혀져 있었다. 불의 아버지가 베풀었던 무기들, 신의 영원한 모루들 위에서

단련된 것들이었다. 슬픔과 복수가 그의 맹렬한
심장에 영감을 불어넣었고, 그의 빛나는 눈알들은
살아있는 불로 굴러갔다. 그는 그의 이빨들을 갈고,
지연으로 격분하여 전투에 나선 군대를
내려다보고 피비린내 나는 날을 희망했다.
(킹받네, 빨리 가보자고!)

   은빛 각반들이 먼저 그의 넓적다리들을 감쌌고,
그런 다음 그의 가슴 위로 속이 빈 황금이 묶였다.
놋쇠 검은 다양한 칼 띠로 묶였으며, 그것은
보석들로 박혀 그의 옆에서 반짝이며 매달려
있었다. 그리고 달처럼 넓고 빛나는 방패는 긴
광선들로 불꽃을 일으키고 들판을 가로질러
빛났다. 그렇게 밤에 방황하는 선원들에게
두려움으로 창백한, 넓은 물의 황무지 위로 빛이
나타난다. 그것은 멀리 보이는 산 위에서 높이

불타오르며, 어떤 외로운 망루에서 하늘로 흐른다.
슬퍼하는 눈들로 그들은 바라보고 다시 바라본다.
큰 소리로 폭풍이 울부짖고 그들을 바다 위로
몰아붙인다.

다음으로 그의 높은 머리는 투구로 장식되었고,
뒤에는 휩쓸리는 깃털 장식이 바람 속에서
떠다녔다. 질병, 역병 그리고 전쟁을 흔들어 내리는
그 붉은 별처럼, 그의 불꽃을 내는 머리칼로부터
황금 영예들이 흘렀고, 반짝이는 깃털 장식들이
떨고 느슨한 영광들이 뿌려졌다.

족장은 놀라는 눈들로 자기 자신을 바라보았고,
그의 무기들의 균형을 잡고 그의 움직임들을
시도했다. 어떤 내면의 힘에 의해 떠받쳐져 그는
헤엄치는 것처럼 보였고, 각 사지를 들어 올리는
깃털을 느꼈다.

그리고 이제 그는 그의 위대한 부계의 창을 흔들었는데, 무겁고 거대하여 어떤 그리스인도 들어 올릴 수 없었다. 펠리온의 구름 낀 정상에서 늙은 카이론이 전체 물푸레나무를 베어 그의 아버지를 위해 그것을 만들었다. 엄격한 아킬레우스만이 휘두르는 창은 영웅들의 죽음 그리고 들판들의 공포였다.

아우토메돈과 알키무스가 불멸의 말들 그리고 빛나는 전차를 준비했다. 은빛 흔적들이 그들의 옆구리들을 쓸었고, 그들의 불 같은 입들에 빛나는 굴레들이 묶였다. 상아 박힌 고삐들은 뒤로 돌아가 그들의 등 위로 흔들리고 전차에 합류했다. 마부는 그런 다음 채찍을 주위로 휘둘렀고, 한 가지 활동적인 도약으로 빠르게 올라탔다.

천상의 무기들 속에서 모두 밝게 그의 시종 위로

아킬레우스가 오르고 들판에 불을 질렀다. 그의
전차로부터 불꽃을 일으키고 낮을 회복시키는
포이보스보다 하늘의 길에서 더 밝게 빛나지
않았다. 군대 위로 높이, 모두 무시무시하게 그는
서 있고, 그의 말들에게 이 무서운 명령들을 천둥을
쳤다.

"크산투스와 발리우스여, 포다르게의 혈통이여!
너희가 그 천상의 종족임을 헛되이 자랑하는 것이
아니라면, 너희가 나르는 짐을 명심하고 너희의
주인에게 더 많은 너희의 보살핌을 만드는 것을
배우십시오. 쓰러지는 부대들을 통해 저의
학살하는 검을 나르시고, 너희가 파트로클로스를
남겨두었듯이 너희의 영주를 남겨두지 마십시오."

그 관대한 크산투스는 그가 말했을 때 비통함을
느끼는 것처럼 보였고, 그의 머리를 떨구었다. 떨며

그는 황금 전차 앞에 섰고, 그의 갈기의 영예들을 먼지 속으로 숙였다.

그때 헤라가 원했듯이 이상하게도 그는 영원한 침묵을 깼고, 불길하게 말했다.

"아킬레우스여! 그렇습니다. 오늘 적어도 우리는 싸움의 줄들을 통해 안전하게 당신의 분노를 나릅니다. 그러나 그것은 올 것입니다. 그 치명적인 시간은 와야 합니다. 우리의 잘못이 아니라, 신이 당신의 운명을 결정합니다. 우리의 범죄나 경주에서 느림 때문에가 아니라, 당신의 파트로클로스는 쓰러졌고 천상의 힘 때문에 낮을 금빛으로 물들이는 그 밝고 멀리 쏘는 신이 (우리는 그를 보았다고 고백합니다) 그의 무기들을 찢어버렸습니다. 아니, 만약 우리의 빠름이 바람들보다 우세할 수 있었다면, 혹은 서풍의 깃털들을 이길 수 있었다면, 모든 것은 헛될 것입니다. 운명들이 당신의 죽음을 요구하고, 필멸의 존재와 불멸의 존재의 손에 마땅합니다."

그런 다음 격렬한 여신들에게 묶여, 그의 운명적인 목소리는 영원히 멈췄다. 그 두려움 없는 족장은 누그러지지 않은 분노로 대답했다. "— 그렇게 되게 하라! 징조들과 경이로운 것들은 나에게 헛되다. 나는 나의 운명을 압니다. 죽는 것, 더 이상 나의 너무나 사랑하는 부모님들과 나의 고향 해변을 보지 못하는 것 — 충분합니다. 하늘이 명령할 때 나는 밤 속으로 가라앉습니다. 이제 트로이는 멸망하라!" 그는 말했다. 그리고 싸움으로 돌진했다.

20

신들의 전투와 아킬레우스의 분노

신들의 전투와 아킬레우스의 활약

 펠리데스 아킬레우스 주위로 전쟁과 피를 숨쉬며 그리스는 무기들 속에 싸여 그녀의 배들 옆에 섰다. 한편, 이웃한 높이에서 임박한 트로이의 검은 부대들이 싸움의 충격을 기다렸다.

 그때 제우스는 테미스에게 명령을 내려 별이 박힌 홀에서 신들을 회의에 부르라고 했다. 그녀는

재빨리 올림푸스의 백 개의 언덕들 위로 날아가
하늘들의 모든 의회를 소환했다. 이들은 빛나며 긴
행렬로 제우스의 영원한 다이아몬드처럼 단단한
돔으로 왔다. 푸른 그늘 혹은 장밋빛 작은 집에
자주 출몰하는 시골의 힘도, 그늘진 숲의 각
아름다운 머리칼의 드리아데스도, 은빛 홍수의 각
푸른빛 자매도 한 명도 빠지지 않았다. 백발의
아버지, 늙은 오케아누스만 빼고. 그는 성스러운
깊은 곳들 아래에서 그의 고대의 자리를 지켰다.
헤파이스토스의 작품인 빛나는 기둥들로 왕관을
쓴 대리석 왕좌들에 신들이 주위에 앉았다. 심지어
그의 삼지창이 물의 통치를 휘두르는 그,
포세이돈도 시끄러운 소환을 듣고 바다를 버렸고,
밝은 거처들 한가운데에 그의 왕좌를 차지하고,
인간들과 신들의 아버지에게 이렇게 질문했다.

"무엇이 하늘과 땅을 지휘하는 신을 움직이고, 그의 위엄 있는 손들 속에 천둥을 움켜쥐는 그를, 이렇게 모든 천상의 국가를 소집하게 합니까? 그리스와 트로이가 논쟁의 주제입니까? 이미 찌푸린 군대들이 만났고, 죽음은 전쟁의 가장자리에 열렬하게 서 있습니다."

"사실이다," 구름을 모으는 힘이 대답했다. "오늘 우리는 하늘의 의회를 인류의 보살핌 속에서 부른다. 심지어 제우스 자신의 눈도 불행한 필멸의 존재들이 죽는 것을 후회로 본다. 올림푸스의 정상 위로 멀리 은밀한 상태에서 우리 자신은 앉아 운명의 손이 우리의 뜻을 이행하는 것을 볼 것이다. 천상의 힘들이여, 내려가라. 그리고 너희의 마음들이 지시하는 대로 너희의 도움을 양쪽 군대에게 빌려주라. 트로이는 곧 전복되어 누워야

한다. 만약 통제되지 않은 아킬레우스가 홀로 싸운다면 말이다. 그들의 군대들은 최근에 겨우 그의 눈들을 만나는 것을 감행했다. 이제 그가 그의 분노 속에서 일어난다면 그들이 무엇을 할 수 있겠는가? 신들이여, 그들을 도우라! 그렇지 않으면 일리온의 성스러운 성벽은 운명이 그 몰락을 금지하더라도 오늘 무너질 수도 있다."

그는 말했다. 그리고 그들의 천상의 가슴들에 분노로 불을 지폈다. 서로 반대되는 부분들에서 싸우는 신들이 참여했다. 함대로 즉각적인 비행으로 달려간 이들은 하늘의 위엄 있는 여왕 헤라 그리고 그의 푸른 둥근 광대한 지구를 둘러싸는 그 포세이돈, 무기들에서 유명한 처녀 아테나, 이익이 되는 예술들의 아버지인 헤르메스, 그리고 검은 불의 주권자인 헤파이스토스였다.

신들이 내리자마자 배들이 떨렸다. 트로이를 돕기 위해 레토, 포이보스 아폴론이 왔고, 불꽃을 일으키는 투구를 쓴 아레스, 웃음을 사랑하는 여인 아프로디테, 흐름들이 황금빛 물결들로 흐르는 크산투스 그리고 은활을 가진 정숙한 사냥꾼 아르테미스도 왔다.

아직 신들이 그들의 다양한 도움들을 사용하기 전에, 각 아르고스인들의 가슴은 남성적인 기쁨으로 부풀어 올랐다. 오랫동안 전투에서 잃었던, 들판의 공포인 위대한 아킬레우스가 다시 무기들 속에 빛나는 동안 말이다. 그는 그의 모든 군대들 맨 앞에 무섭게 섰고, 창백한 트로이는 보았고 이미 길을 잃은 것처럼 보였다. 그녀의 가장 용감한 영웅들은 내면의 두려움으로 헐떡이고, 떨며 또 다른 전쟁의 신을 보았다.

그러나 내려오는 힘들이 싸움을 부풀렸을 때, 그때 소란이 솟아났다. 맹렬한 분노와 창백한 공포가 각 얼굴을 다양하게 했다. 그때 불화가 경보들을 소리 냈고, 땅은 메아리치고 민족들은 무기들로 돌진했다.

이제 아테나가 떨리는 해변들을 통해 부르고, 이제 그녀는 그리스 성벽들로부터 천둥을 쳤다. 아레스는 그의 트로이 위를 맴돌며, 그의 공포를 음울한 폭풍들 그리고 구름들의 밤 속에 감추었다. 이제 각 트로이 가슴을 통해 그는 분노를 쏟아냈고, 신성한 목소리로 일리온의 가장 높은 탑들로부터 외쳤다. 이제 그녀는 그녀의 아름다운 언덕으로부터 시모이스에게 소리쳤다. 산이 흔들렸고 빠른 흐름은 멈춰 섰다. 위에서 신들의 아버지는 그의 천둥을 굴리고, 두 배가 되는 폭음들이 극들을 찢었다. 아래에서 엄격한 포세이돈은 단단한 땅을 흔들었고, 숲들은 흔들리고 산들은 주위로 고개를 끄덕였다. 그들의 모든 정상들을 통해 이다의 숲들이 떨었고, 그들의 수원에서 그녀의 백 개의 홍수들이 끓어올랐다. 트로이의 작은 탑들은 흔들리는 평원 위에서 흔들렸고, 던져진 해군들은 부풀어 오르는 바다를 두드렸다.

  죽은 자들의 음산한 영역 깊숙한 곳에서, 지옥의 군주는 그의 끔찍한 머리를 일으키고 왕좌에서 벌떡 뛰어올랐다. 그는 포세이돈의 팔이 그의 어두운 영역을 대낮에 열어젖혀, 인간 뿐 아니라 신들에게도 무서운 하데스의 음울한 거처에 빛을 쏟아부을까 두려워했다.

전투에 내려오는 신들

그런 전쟁을 불멸의 자들이 벌였고, 신들이 다툴 때 세상의 광대한 오목한 부분을 그런 공포들이 찢었다. 먼저 은빛 화살을 가진 포이보스 아폴론가 푸른 포세이돈, 바다의 군주에게 맞서 평원을 취했다. 무기들의 신 아레스는 팔라스, 전쟁의 승리한 처녀에게 맞서 그의 거대한 덩치를 펼쳤다. 레토에게는 마이아의 아들 헤르메스가 행진했다. 낮의 누이인 화살통을 가진 아르테미스는 (그녀의 황금 화살들이 그녀의 옆에서 소리를 냈다) 하늘의 장엄함인 사투르니아 헤라에게 도전했다. 불같은 헤파이스토스과 마지막으로 싸움에 선 것은 황금 모래들 위로 굴러가는 성스러운 홍수였다. 크산투스는 천상의 탄생을 가진 이들에게 그의 이름이었고, 땅의 아들들에게는 스카만데르라고 불렀다.

이렇게 신들이 다양한 동맹들 속에 싸움에 참여하는 동안, 아킬레우스는 필멸의 것 이상의 분노로 불타올랐다. 그는 헥토르를 찾았고, 헥토르만을 위해 불타 그의 눈들을 주위로 돌렸다. 그리고 번개처럼 줄들을 통해 터져 나와, 그의 피로 전투의 신을 배부르게 하겠다고 맹세했다.

아이네이아스가 먼저 감히 머물렀다. 아폴론이 그를 용사의 길에 끼워 넣었고, 그의 가슴을 두려움 없는 힘으로 부풀렸다. 절반은 강요되고 절반은 싸움에 설득되었다. 왕족 혈통의 젊은 뤼카온처럼, 목소리와 모습에서 신성한 힘은 보였고, 그 족장에게 얼마나 최근에 그가 경멸과 함께 멀리 있는 위협들로 여신에게서 태어난 이 아킬레우스에게 용감하게 맞섰는지 되새기게

했다.

 그런 다음 안키세스의 혈통의 영웅이 말했다. "펠리데스를 만나는 것은 당신이 헛되이 설득하는 것입니다. 이미 나는 만났고 두려움 없이 그의 날아가는 창의 분노를 관찰하지 않았습니다. 이다의 숲들에서 그는 우리를 들판으로 쫓았고, 우리의 힘을 흩뿌리고 우리의 가축 떼들을 죽였습니다. 뤼르네소스와 페다소스가 재 속에 누워 있었지만, 제우스가 도우니 나는 그날 살아남았습니다. 그렇지 않았더라면 나는 맹렬한 아킬레우스와 아테나의 힘에 압도되어 치명적인 싸움에서 가라앉았을 것입니다. 그가 움직이는 곳마다 여신은 앞에서 빛났고 그의 놋쇠 창을 적의 피 속에 담갔습니다. 불멸의 자들이 무서운 평원을 통해 그를 지키고, 그의 다트가 헛되이 떨어지게

허용하지 않는데, 어떤 필멸의 인간이
아킬레우스를 지탱할 수 있겠습니까? 신이 나의
도움이었다면 이 팔이 그의 힘을 억제했을
것입니다. 비록 그가 놋쇠 탑처럼 싸움에서
강할지라도."

    제우스의 아들이 그에게 말했다. "그 신에게
간청하라. 그리고 위대한 아킬레우스가 전에
무엇이었는지 되라. 너는 천상의
아프로디테로부터 너의 혈통을 얻었고, 그는 단지
바다의 누이로부터 얻었다. 한 늙은 바다 신이 그의
혈통의 아버지였지만, 제우스 자신이 너의
성스러운 근원이다. 그런 다음 고귀한 타격을 위해
너의 무기를 들어 올리고, 필멸의 적의 허풍을
두려워하지 마라."

    이것을 말하고 그의 가슴에 정신을 숨 쉬게 했고,

대담해진 영웅은 두꺼운 군대들을 통해 압박했다.

그의 모험적인 행동을 하얀 팔의 여왕 헤라가 내려다보았고, 모든 힘들을 모으며 그녀는 말했다.

"보십시오, 신들이여! 너희의 보살핌을 요구하는 행동을 보십시오. 보라, 위대한 아이네이아스가 전쟁으로 돌진하는 것을! 그는 펠리데스에게로 그의 길을 향하고, 포이보스가 충동하고 포이보스가 그에게 힘을 줍니다. 그의 대담한 경주를 억제하십시오! 적어도 우리가 총애하는 영웅을 돌보기 위해 어떤 힘이 내려가게 하십시오. 그의 삶을 지키고 그의 명성을 더하기 위해, 우리는 하늘의 위대한 군대 내려왔습니다. 앞으로 그는 운명들이 구상하는 대로 쓰러지게 하십시오. 그의 삶의 빛나는 줄을 그렇게 짧게 자아냈던 그 운명이 말입니다. 그러나 어떤 반대하는 신이 이제 그의 길을 가로막지 않도록, 그에게 오늘 어떤 힘들이 돕는지 알게 하십시오. 하늘의 빛나는 군대가 무기들 속에 나타날 때, 필멸의 인간이 그 끔찍한 경보들에 어떻게 맞설 것입니까?"

그녀는 이렇게 말했고, 그의 힘으로 단단한 구체의 영원한 기초를 흔들 수 있는 신이 이렇게 대답했다.

"그토록 약하게 알려진 인간의 힘에 맞서, 왜 천상의 힘들이 그들 자신의 것을 발휘해야 하는가? 저기 언덕에서 그 장면을 보는 것으로 충분하다. 그리고 필멸의 인간들의 운명들을 전쟁에게 남겨두라. 그러나 만약 무장한 자나 빛의 신이, 아킬레우스를 방해하거나 싸움을 시작한다면, 거기서부터 우리는 재빨리 트로이의 신들에게 내려가리라. 충돌은 곧 끝날 것이라고 나는

의심하지 않는다. 그리고 이들은 파멸과 혼란 속에
던져져, 우리의 정복하는 무기들에게 아래 세상을
양보할 것이다."

이렇게 말하고, 바다의 폭군, 푸른빛의
포세이돈은 일어나 길을 이끌었다. 들판 위로
전진하여, 벽이 쳐지고 주위에 해자가 있는 뭉쳐진
흙의 언덕이 서 있었다. 더 이른 시대에
헤라클레스를 지키기 위해 만들어졌는데,
(아테나의 도움으로 트로이인들의 작품이었다)
그때 복수심에 찬 바다의 괴물이 넓은 해변을 쓸고
그를 평원으로 몰아붙였다.

여기 포세이돈와 그리스의 신들이 모여,
구름들로 감싸이고 공기의 베일로 있었다. 아폴론
주위에 놓인 반대편 힘들은 은빛 시모이스가
그늘을 드리우는 아름다운 언덕들에 왕관을

씌웠다. 밀접한 원 속에 각 천상의 파벌이 앉았고, 미래의 계획을 형성하는 데 열심이었으나, 아직 싸움에 섞이지는 않았다. 비록 제우스가 높이 시끄러운 신호를 주고 하늘들이 대답할지라도 말이다.

그동안 돌진하는 군대들이 땅을 가렸고, 짓밟힌 중심은 속이 빈 소리를 냈다. 갑옷으로 싸인 말들과 밝은 갑옷 속의 족장들로, 빛나는 들판은 놋쇠 빛으로 불타올랐다. 두 군대 한가운데 무서운 공간, 거기에 위대한 아킬레우스, 여기에 대담한 아이네이아스가 나타났다.

우뚝 솟은 걸음들로 아이네이아스가 먼저 전진했고, 그의 투구 위에 고개를 끄덕이는 깃털 장식이 춤췄다. 그는 그의 가슴 위에 펼쳐진 방어 방패를 날랐고, 그가 움직이자 그의 투창이 앞에서 불꽃을 일으켰다.

 펠리데스는 싸우기에 맹렬하여 격렬하게 돌진했다. 사자의 분노가 그러했다. 처음 그의 적들을 경멸하는 눈들로 보는, 비록 모든 무기들 속에 인구가 채워진 도시가 일어날지라도, 무심하게 성큼성큼 걸어간다. 무시하는 오만함으로 마침내 어떤 용감한 젊은이에게 도전받아, 그 야만인은 그의 대담한 창에게 홀로 돌아선다. 그는 속이 빈 신음으로 분노를 웅성거리며, 이를 갈고, 거품을 내고 그의 눈들을 주위로 굴린다. 그의 꼬리에 의해 채찍질되는 그의 부풀어 오르는 옆구리들이 반향한다. 그는 그의 모든 분노를 불러일으키고, 복수를 결심하거나 죽음을 결심한다.

 그렇게 맹렬하게 아킬레우스가

아이네이아스에게 날아갔다. 그렇게 아이네이아스는 서 있고 그의 힘에 도전했다. 아직 엄격한 충돌이 합류하기 전에, 테티스의 씨앗이 아프로디테의 아들에게 말했다.

"왜 아이네이아스가 줄들을 통해 그렇게 멀리 오는가? 그는 전쟁에서 아킬레우스의 팔을 만나려 하는가? 프리아모스의 영역들을 즐기기 위해, 그리고 트로이의 왕좌에게 그의 공로들을 증명하려는 희망 속에서 말인가? 당신의 창 아래에서 아킬레우스가 죽는 것을 허락하라, 그 편파적인 군주가 그 전리품을 거부할 수도 있다. 그는 많은 아들들을 가지고 있고 그들이 너의 오만함을 진정시킬 수도 있다. 혹은 너의 승리하는 손에 대한 보상으로, 트로이가 포도나무들을 위한 언덕들과 곡식들을 위한 경작 가능한 땅이 있는,

넓은 숲이나 아름다운 영토를 제안했는가? 심지어 이것도 어쩌면 너의 몫으로 증명되기는 어려울 것이다. 그러나 아킬레우스가 그렇게 빨리 잊힐 수 있는가? 내 생각에는 한때 너는 이 휘둘러진 창을 보았고, 그때 위대한 아이네이아스는 두려워하는 것처럼 보였다. 이다의 산에서 그는 진심으로 서둘러 달아났고, 뤼르네소스에 도착할 때까지는 그의 머리를 돌리지 않았다. 그녀의 높은 성벽들은 우리의 행진을 오래도록 막지 않았네. 그것들을 팔라스, 제우스 그리고 우리가 폐허들 속에 눕혔네. 그녀의 포로가 된 종족은 그리스의 사슬들 속에 던져졌다. 진실은 위대한 아이네이아스가 너무나 빠르게 달아났다는 것이다. 전에 한 번 나의 정복을 빼앗겨, 오늘 신들이 그때 내가 잃었던 것을 회복시켜준다. 네가 할 수 있는 동안 위협받는 운명을 피하라. 바보들은 그것을 느끼기 위해 머물고 너무 늦게 현명해진다."

이에 대해 안키세스의 아들이 말했다. "그런 말들은 당신을 두려워하는 사람, 어떤 호전적이지 않은 소년에게 사용하십시오. 우리는 그런 것을 경멸합니다. 가장 훌륭한 사람도 비열한 비난들 그리고 비남성적인 오만함으로 도전받을 수 있습니다. 우리가 나온 그 높은 종족에 합당하지 않은, 명성의 목소리로 그렇게 크게 선포된 것을 말입니다. 각자는 빛나는 아버지들로부터 그의 혈통을 얻었습니다. 각자는 여신에게서 태어났고 절반은 인간, 절반은 신성합니다. 오늘 테티스의 자손이나 혹은 아프로디테의 자손이 죽고, 눈물들이 천상의 눈들에서 흘러내릴 것입니다. 왜냐하면 이렇게 두 명의 영웅이 이렇게 유래하여 다툴 때, 그 영광스러운 싸움은 말들 속에서 끝날 수 없기 때문입니다. 만약 당신이 나의 탄생을 더 배우려 한다면 (넓은 땅을 통해 반향하는 이야기) 우리가 어떻게 영광스러운 기원을 증명하는지 들으십시오. 제우스로부터 첫 번째로, 고대의 다르다누스로부터 말입니다. 그는 그의 다르다니아 성벽들을 세웠습니다. 그때는 일리온은 (그때부터 많은 언어를 말하는 사람들의 도시가 된) 존재하지 않았습니다. 원주민들은 이다의 샘물이 풍부한 언덕의 그늘진 기슭을 가는 것에 만족했습니다. 다르다누스로부터 위대한 에릭토니우스가 나왔으니, 한때 아시아의 부유한 왕들 중에서 가장 부유한 자였습니다. 삼천 마리의 암말들이 그의 넓은 목초지들에서 길러졌고, 삼천 마리의 새끼 말들이 그들의 어머니들 옆에서 먹이를 먹었습니다. 북풍 보레아스는 그 활기찬 무리에 매료되어, 흐르는 갈기 속에 그의 신의 존재를 감추었고, 변장된 목소리로 그의 사랑들에게 히힝거렸고, 그 얼룩무늬 아름다움들 위로 초원을 달렸습니다. 여기서부터 비할 데 없는 종류의 열두 마리가 나왔으니, 그들의 어머니 암말들처럼 빠르고 아버지 바람처럼 속도가 있었습니다. 이들은 그들이 평원을 휩쓸 때 가볍게 미끄러지며 풀을 짓밟지 않고 부드러운 곡식을 구부리지 않았습니다. 그리고 그들이 수평의 바다들을 따라 날아갈 때, 겨우 표면 위로 짠 이슬을 감아 올렸습니다. 그런 에릭토니우스였습니다. 그로부터 트로이인들의 이름의 성스러운 트로스가 나왔습니다. 세 명의 유명한 아들들이 그의 결혼 침대를 장식했으니,

일루스, 앗사라쿠스 그리고 가뉘메데스였습니다.
비할 데 없는 가뉘메데스는 신성하게 아름다웠고,
하늘이 매료되어 그를 위 공기로 낚아챘습니다.
제우스의 잔을 나르기 위해, 천상의 손님,
암브로시아 잔치의 우아함이자 영광이었습니다.
남은 두 아들들이 혈통을 나누었습니다. 먼저
일루스의 옆구리에서 라오메돈이 나왔고,
그로부터 이제 걱정들로 늙었고 그리고 헥토르,
용감하고 대담한 헥토르로 축복받은 프리아모스도
나왔습니다. 클뤼티우스와 람푸스는 항상
존경받는 한 쌍이고, 전쟁의 벼락인 히케타온도
있습니다. 위대한 앗사라쿠스로부터 카스가
나왔고, 그는 안키세스를 낳았고 안키세스가 나를
낳았습니다. 그런 것이 우리의 종족입니다. 운명이
우리에게 탄생을 주지만, 오직 제우스만이 영혼에

가치를 부여합니다. 그는 힘과 능력의 근원입니다. 끝없는 통치로, 모든 인간의 용기를 주거나 혹은 빼앗습니다. 말들의 들판에서 우리는 오랫동안 다툴 수 있고, 비난은 무한하고 끝을 모릅니다. 진실이나 거짓, 옳고 그름으로 무장한 채 말입니다. 그토록 유창한 무기인 혀는 상처 입히고 우리는 상처 입힙니다. 그리고 양쪽 모두 실패할 수 없는데, 왜냐하면 모든 사람이 똑같은 힘으로 욕할 수 있기 때문입니다. 여자들만이 그들이 거리들에서 다툴 때, 아마도 이 말의 전쟁에서 우리를 능가할 것입니다. 우리처럼 그들은 군중들에 둘러싸여 서 있고, 그들의 무력하고 시끄러운 분노를 내뿜습니다. 그러니 멈추십시오. 싸움의 들판에서 우리의 일은 질문하는 것이 아니라, 우리의 힘을 증명하는 것입니다. 네가 여기서 제안했던 그 모든 모욕들에, 이 대답을 받으십시오. 그것은 나의 날아가는 창입니다."

그는 말했다. 그의 모든 힘으로 투창을 던졌고, 깊이 박히고 방패에서 시끄럽게 울렸다. 펠리데스는 그의 뻗은 팔 위로 (천둥 치는 창을 만나기 위해) 그의 무시무시한 방패를 들었고, 그것은 그것이 박혔을 때 떨렸고 두려움 없이 그것이 떨어지기 전에 헤아릴 수 없는 창을 보았다. 그의 두려움들은 헛되었다. 뚫을 수 없는 매력들이 천상의 무기들의 성질을 보호했다. 두 개의 강한 판들을 통해 그 끝은 그것의 통로를 잡았지만, 멈춰 섰고 세 번째에 의해 물리쳐져 쉬었다. 다양한 금속, 다양한 주형의 다섯 개의 판들이 방패를 구성했는데, 놋쇠로 각 바깥쪽 주름, 주석으로 각 안쪽 그리고 중간은 황금으로였다. 거기에 창이 박혔다.

 그런 다음 그가 던지기 전에 일어나, 위대한 아킬레우스의 강력한 창이 날아갔고, 다르다니아인 방패의 가장 끝의 경계를 꿰뚫었다. 날카로운 놋쇠가 더 날카로운 소리를 되돌려주는 곳이었다. 얇은 가장자리를 통해 펠레우스의 무기가 미끄러졌고, 확장된 가죽들의 가벼운 덮개를 꿰뚫었다. 아이네이아스는 그의 수축된 몸을 굽히고, 그의 위로 높이 찢어진 표적을 확장한다. 그것의 갈라진 판들을 통해 위의 공기를 보고, 그의 등 뒤에서 떨리는 창을 감지했다. 그에게 그토록 가까운 운명이 그의 영혼을 공포로 차갑게 했고, 그의 눈들 앞에서 여러 색깔의 빛이 헤엄쳤다.

 아킬레우스는 무시무시한 외침들로 돌진하여,

그의 넓은 칼날을 뽑고 아이네이아스에게로 날아갔다. 아이네이아스는 적이 다가오는 것을 보고, 모인 힘으로 거대한 돌을 들어 올린다. 현대 시대에 지구의 퇴보한 아들들 중 어떤 두 명도 들어 올릴 수 없었을 거대한 덩어리였다.

그러나 땅을 흔드는 지진들을 일으키는 바다의 신은 그 고통을 보았고 주위의 힘들을 움직였다. "보시오! 아이네이아스가 운명의 벼랑 끝에 서 있네. 아킬레우스의 손들에게 즉각적인 희생물로! 포이보스에 의해 재촉되었지만, 포이보스는 그의 도움을 헛되이 베풀었네. 인간이 신을 압도한다. 그리고 너희는 이 정의로운 족장이 그 자신의 것이 아닌 악덕들 때문에 죄 없는 피로 속죄하는 것을 볼 수 있는가? 모든 신들에게 그의 끊임없는 맹세들이 지불되었다. 확실히 그가 트로이를 위해 싸울지라도 그는 우리의 도움을 주장한다. 운명은 이것을 원하지 않고, 제우스는 다르다니아인 혈통의 미래의 아버지를 이렇게 양도할 수 없다. 첫 번째 위대한 조상은 그의 은혜를 얻었고, 그의 사랑은 여전히 모든 종족들에게 내려간다. 프리아모스는 이제 그리고 프리아모스의 믿음 없는 종류는, 마침내 모든 것을 보는 마음에 혐오스럽다. 위대한 아이네이아스에게 통치가 돌아갈 것이고, 아들들이 아들들을 이어가며 그 영원한 혈통을 지탱할 것이다."

위대한 땅을 흔드는 이는 이렇게 말했고, 빛나는 눈들을 가진 제국의 여신이 그에게 대답했다.

"오, 포세이돈이여! 그가 선량한 만큼 다르다니아인 왕자를 희생시키거나 살려두는 것은 당신의 보살핌이 되게 하십시오. 팔라스와 저는 신들이 묶을 수 있는 모든 것에 의해, 트로이 종류에 대한 파괴를 맹세했습니다. 심지어 한순간도 그들의 운명을 연장하지 않고, 혹은 가라앉는 국가의 한 구성원이라도 구원하지 않겠다고 말입니다. 그녀의 마지막 불길이 그녀의 마지막 피로 꺼질 때까지, 그리고 심지어 그녀의 부서지는 폐허들도 더 이상 없을 때까지 말입니다."

바다의 왕은 싸움으로 내려가고, 모든 쉿 소리를 내는 다트들을 통해 그의 길을 굽혔다. 재빨리 용사들 사이에 끼어들어 날아가고, 아킬레우스의 눈들 위로 두꺼운 어둠을 던졌다. 그는 위대한 아이네이아스의 방패로부터 창을 잡아당겼고, 그의 주인의 발들 옆에 무기를 던졌다. 그것이 행해지자, 신성한 힘으로 그는 다르다니아인 왕자를 높이 낚아챘고, 발걸음 없이 매끄럽게 미끄러지며, 싸우는 영웅들의 그리고 튀어 오르는 말들의 머리 위로 그를 하늘을 통해 날랐다. 전투의 가장자리 끝에 그들이 착륙할 때까지, 느린 카우콘인들이 싸움의 후방을 닫는 곳이었다.

거기서 신은 (그의 천상의 형태를 고백하여) 이런 말들로 헐떡이는 족장에게 말을 걸었다.

"오, 왕자여! 훨씬 더 열등한 힘으로, 무엇이 당신을 전쟁에서 아킬레우스의 팔을 만나도록 재촉했습니까? 이제부터 조심하고, 당신의 운명을 앞당기지 마십시오. 다가올 당신의 모든 명성을 운명으로부터 가로채면서 말입니다. 그러나 명령받은 그날이 (그것은 와야 합니다) 이 무서운 영웅을 먼지 속에 눕힐 때, 그때 그 팔의 격렬한 여신들이 알려지게 하십시오. 당신 자신의 것을 능가하는 그리스인의 힘은 없음을 확신하고 말입니다."

그것과 함께 그는 그가 누워 있는 것을 놀라며 남겨두었고, 그런 다음 아킬레우스로부터 그 안개를 쫓아버렸다. 갑자기 빛의 흐름과 함께 돌아와, 전쟁의 장면이 그의 시야에 돌진해 왔다. 그런 다음 놀라며 말했다. "무슨 경이로운 것들이 나의 마음을 때리는가! 바람의 날개들 위로 갈라졌던 나의 창이, 여기 내 앞에 놓여 있다! 그리고 다르다니아인 영주, 이 순간 쓰러졌던 그가 나의 검으로부터 사라졌다! 나는 필멸의 존재들과만 다툴 것이라고 생각했지만, 천상의 힘들이 확실히 이 적을 방어한다. 그가 아무리 위대할지라도 우리의 무기들을 그는 겨우 시험할 것이다. 한 번은 그의 모든 신들과 함께 달아나는 것에 만족하며 말이다. 이제 그러면 다른 이들이 피 흘리게 하라."

이것을 말하고 크게, 그는 그의 분노를 내뿜고 그의 군중을 불태웠다. "오, 그리스인들이여!" 그는 외쳤다. "그리고 모든 줄에 경보를 울리네. 사람 대 사람으로 그리고 무기 대 무기로 싸움에 합류하십시오! 그것은 나에게 있지 않습니다. 비록 하늘에 의해 총애 받을지라도, 온 군대들을 베어 넘어뜨리고 온 군대들을 날아가게 하는 것은 말입니다. 어떤 신도 단독으로 그런 군대에 맞설 수 있습니다. 아레스 자신도 혹은 위대한 아테나의 분노도 말입니다. 그러나 아킬레우스가 영감을 불어넣을 수 있는 무엇이든, 어떤 활동적인 힘이든 혹은 행동하는 불꽃이든, 이 심장이 충동할 수 있는 무엇이든 혹은 손이 복종할 수 있는 무엇이든, 모든 것, 모든 것은 아킬레우스의 것입니다.

그리스인들이여, 오늘입니다! 저기 넓은 군중을 통해 이 팔이 두려움을 흩뿌릴 것이고, 나의 단 한 명의 창으로 부대들을 얇게 만들 것입니다."

그가 말했다. 그 못지않게 호전적인 기쁨으로, 신과 같은 헥토르는 트로이의 군대들을 따뜻하게 했다.

"트로이인들이여! 전쟁으로 헥토르가 너희를 이끈다고 생각하십시오. 펠레우스의 오만한 아들의 허풍을 두려워하지 마십시오. 행동들이 우리의 운명을 결정해야 합니다. 심지어 이들은 말들로 용감한 자들을 모욕하고 그들의 검들 앞에서 떨고 있습니다. 가장 약한 무신론자, 불쌍한 자는 모든 하늘에 도전하지만, 천둥이 날아갈 때 움츠러들고 떱니다. 그리고 저기 허풍선이로부터 너희의 족장은 물러나지 않을 것입니다. 비록 그의 심장이 강철이었고 그의 손들이 불이었을지라도, 그 불, 그 강철에 너희의 헥토르는 맞설 것이고, 그 복수심에 찬 심장, 그 무서운 손에 용감하게 대적할 것입니다."

이렇게 영웅이 말했다. 모두를 통해 분노를 숨쉬며, 창들의 숲이 그의 머리 주위로 솟아오르고, 함성들이 함성들 위에 모든 공기를 폭풍우처럼 휘몰아쳤다. 그들은 합류하고, 몰려들고, 전쟁으로 두꺼워졌다.

그러나 포이보스는 높은 하늘에서 그에게 경고했다. 테티스의 신과 같은 아들과의 일대일 싸움을 피하라고. 섞인 부대 속에서 싸우는 것이 더 안전하고, 그의 손의 공포들을 너무 가까이 유혹하지 말라고.

그는 듣고, 빛의 신에게 순종하여 줄들 속에 잠겨

싸움을 기다렸다.

그런 다음 맹렬한 아킬레우스는 하늘들에게 소리치며, 트로이의 전체 힘 위로 끝없는 분노로 날아갔다.

먼저 이퓌티온이 쓰러졌다. 그의 군대 맨 앞에서, 용감한 족장이었고 용감한 군대를 그가 이끌었다. 위대한 오트륀테우스로부터 그는 그의 피를 얻었고, 그의 어머니는 홍수의 나이아데스였다. 눈으로 왕관을 쓴 트몰루스의 그늘들 아래에서 그는 히데의 성벽들로부터 아래의 땅들을 다스렸다. 그가 튀어 오르는 동안 맹렬하게 검이 그의 머리를 나누었고, 갈라진 얼굴은 동등한 면들로 떨어졌다. 그는 큰 소리로 반향하는 무기들로 평원을 쳤고, 그동안 아킬레우스는 죽은 이 위에서 영광을 얻었다.

"거기 누워라, 오트륀테우스의 아들이여! 트로이 땅은 너를 죽은 채로 받는다. 비록 귀게가 너의 탄생을 자랑할지라도, 휠루스의 파도들이 굴러가는 그 아름다운 들판들은, 그리고 풍요로운 헤르무스가 황금의 조수들로 부풀어 오르는 곳은 더 이상 너의 것이 아니다." 모욕하는 영웅이 말했다. 그리고 그를 영원한 그늘 속에 잠들도록 남겨두었다. 그리스의 굴러가는 바퀴들이 그 시신을 찢었고, 그들의 차축들을 보통이 아닌 피로 물들였다.

다음으로 안테노르의 자손인 데몰레온은 먼지 속에 숨 막히게 누워 무모함의 대가를 지불했다. 참을성 없는 강철은 완전히 아래로 내리치는 지배로 그의 놋쇠 투구를 통해 그것의 맹렬한 길을 강제로 뚫었고, 저항할 수 없게 두들겨 맞은 두개골을 앞으로 몰아붙이고, 모든 뇌를 피와 함께 으깨고 뒤섞었다.

이것을 히포다마스가 보고 공포에 사로잡혀, 더 빠른 비행을 위해 그의 전차를 버렸다. 창이 그를 체포했다. 비열한 상처가 헐떡이는 트로이인을 땅에 박아버렸다. 그는 그의 영혼을 신음하며 보냈다. 포세이돈의 신전에 헬리케의 높은 해변들 위에서, 희생 제물인 황소가 포효하는 것보다 더 크게 포효하지 않았다. 바위들은 주위로 다시 울리고, 바다는 그 감사한 소리를 들었다.

그런 다음 폴뤼도레에게 그의 복수심에 찬 분노가 떨어졌다. 그는 프리아모스의 굽는 나이의 가장 어린 희망이었다. 경주에서 빠르기로 그의 발들이 능가했다. 그의 모든 아들들 중에서 가장 소중하고 마지막이었다. 금지된 들판으로 그는 그의 비행을 취했다. 젊은 기사의 첫 어리석음 속에서, 그의 빠름을 자랑하기 위해 평원 주위를 맴돌았지만, 그의 모든 빠름과 함께 죽임을 당해 오래도록 자랑하지 못했다. 뒤에서 교차하는 벨트들이 합류하는 곳을 맞고, 그리고 황금 고리들이 이중 등판에 합류하는 곳을 꿰뚫는 강철이 그의 배꼽을 통해 터져 나왔다. 그리고 그는 찌르는 비명들과 함께 그의 무릎들 위로 쓰러졌다. 돌진하는 내장들이 땅 위로 쏟아졌고 그의 손들은 모았고, 어둠이 그를 둘러쌌다.

핵토르가 그의 피 속에 모두 무시무시한, 이렇게 슬프게 살해된 불행한 폴뤼도레를 보았을 때, 슬픔의 구름이 그의 시야를 덮었고, 그의 영혼은 더 이상 먼 싸움을 참지 못했다. 아킬레우스의 무서운 전선에 가득하게 그는 왔고, 물결치는 불꽃처럼 그의 투창을 흔들었다.

펠레우스의 아들은 보았고, 소유된 기쁨으로 그의 심장은 그의 솟아오르는 가슴 속에서 높이 뛰었다.

"보라! 그리고 검은 운명들이 참석하는 그 사람, 아킬레우스를 죽인 그 사람이 그의 친구다! 더 이상 헥토르의 창과 펠리데스의 창은 전쟁의 길들에서 서로로부터 돌아서지 않으리라."

그런 다음 복수심에 찬 눈들로 그는 그를 살폈다.
"오라, 그리고 너의 운명을 받으라!" 그는 더 이상 말하지 않았다.

헥토르는 두려움이 없는 채 이렇게 말했다.
"그런 말들은 너를 두려워하는 사람, 어떤 호전적이지 않은 소년에게 사용하십시오. 그런 것들을 우리는 줄 수 있습니다. 도전하고,

도전받으며 비난과 오만함의 비열한 교류를! 나는 당신의 힘이 나의 것보다 훨씬 우월하다는 것을 압니다. 그러나 하늘만이 전쟁에서 성공을 부여합니다. 비열한 나도 신들이 나의 다트를 인도할 수도 있고, 그것이 더 용감한 심장에 입구를 주게 할 수도 있습니다."

그런 다음 창을 던졌으나, 팔라스의 천상의 숨결이 멀리 아킬레우스로부터 날아가는 죽음을 실어 보냈다. 명령받은 다트는 다시 헥토르에게로 날아갔고, 그의 위대한 주인의 발들 옆에 놓였다. 아킬레우스는 그의 미움받는 적과 가까이 다가가고, 그의 심장과 눈들은 불꽃을 내는 분노로 빛났다. 그러나 그의 도움에 존재하는 아폴론이, 총애받는 영웅을 구름의 베일 속에 감추었다. 세 번 펠리데스는 분개한 심장으로 내리쳤고, 세 번

뚫을 수 없는 공기 속에 그는 다트를 박았다. 창은 네 번째로 구름 속에 묻혔다.

그는 분노로 거품을 내고 크게 외쳤다. "불쌍한 놈아! 너는 다시 탈출했다. 다시 한번 너의 비행이 너를 구원했고, 편파적인 빛의 신도 너를 도왔다. 그러나 너는 너의 정당한 운명에 오래도록 맞서지 못할 것이다. 만약 어떤 힘이 아킬레우스의 손을 돕는다면 말이다. 그러니 영광 없이 달아나라! 그러나 너의 비행은 오늘, 트로이 유령들의 풍성한 희생 제물들을 지불할 것이다."

그것과 함께 그는 학살된 수많은 이들에게 그의 분노를 배부르게 했다. 그런 다음 드뤼옵스가 피비린내 나는 평원에 쓰러졌다. 목을 통해 꿰뚫려 그는 그를 거기서 헐떡이며 남겼고, 위대한 필레토르의 상속자인 데무쿠스를 멈췄다. 거대한 족장! 깊게 갈라진 그 엄청난 칼날이, 영혼을 위해 넓은 통로를 만들었다.

라오가누스와 다르다누스가 소멸했다. 불행한 아버지의 용맹한 아들들이다. 둘 다 한순간에 전차에서 던져져, 한순간에 아래 세상으로 가라앉았다. 이 차이점만이 그들의 슬픈 운명에 주어졌는데, 한 명은 창이 파괴했고, 한 명은 검이 파괴했다.

그 못지않게 불쌍하게 여겨진 젊은 알라스토르가 피 흘렸다. 헛되이 그의 젊음, 헛되이 그의 아름다움이 애원했다. 헛되이 그는 당신에게 간청자의 신음으로 구걸했다. 당신 자신의 것과 너무나 같은 모습, 같은 나이를 살려달라고! 불행한 소년아! 어떤 기도도 어떤 감동적인 예술도, 그 맹렬하고 비정할 수 없는 심장을 구부리지 못했다!

그가 아직 그의 무릎들 위에서 떨고 외치는 동안, 무자비한 초승달 모양의 검이 그의 부드러운 옆구리를 열었고, 헐떡이는 간은 피의 홍수를 쏟아냈다. 그것은 그가 더 이상 헐떡이지 않을 때까지 그의 가슴을 익사시켰다.

밀리우스의 머리를 통해 그런 다음 격렬한 창이 몰아붙였고, 용사는 쓰러지고 귀에서 귀까지 꿰뚫렸다. 다음으로 용감한 데우칼리온이 죽었다. 다트는 유연한 팔꿈치를 긴장시키는 엮인 신경들을 찔렀다. 그는 그의 팔을 떨어뜨렸고, 돕지 않는 무게로 무력하게 서서 운명을 기대했다. 그의 목에 정통으로 떨어지는 초승달 모양의 검이 재촉되었고, 그의 넓은 어깨들로부터 깃털 장식된 머리를 베어냈다. 뼈로부터 앞으로 척수가 날아가고, 먼지 속에 가라앉아 시신은 펼쳐져 누워 있었다.

 뤼그마스는 그의 종족이 풍요로운 트라키아에서 왔는데, (피에루스의 아들, 빛나는 이름이었다) 운명에게 뒤따랐다. 창이 그의 배를 찢었고, 그의 전차에서 머리부터 그 천둥을 치는 족장이 내려왔다. 땅 위에서 그의 엎드려진 주인이 죽어가는 것을 본 시종은 말들의 고삐를 주위로 잡았다. 그의 등은 겨우 돌아섰고 펠리온의 투창이 찔렀다. 그리고 하인은 그의 죽어가는 영주 위로 펼쳐놓았다.

 불꽃이 구불구불한 계곡을 채울 때처럼, 그리고 언덕들 사이에서 타닥거리는 관목들 위로 달려갈 때, 그런 다음 그루터기 위로 산을 오르며 날아가고, 높은 숲들을 불태우고 하늘들로 불꽃을 일으킨다. 이리로 저리로 퍼지는 급류가 포효한다.

그렇게 영웅은 황폐해진 해변들을 휩쓸고
지나갔다. 그의 주위로 넓게 엄청난 파괴가
쏟아지고, 땅은 피비린내 나는 소나기들로
범람했다. 가을의 수확물들로 덮여 있는 것처럼,
그리고 두껍게 흩뿌려진 케레스의 성스러운
바닥이 누워 있다. 주위로 그리고 주위로 결코
지치지 않는 고통으로, 짓밟는 수소들이 셀 수 없이
많은 곡식들을 밟아 부순다. 그렇게 맹렬한 말들이
전차가 굴러가는 동안 온 줄들을 짓밟고, 영웅들의
영혼들을 으깼다. 그들의 발굽들로부터 던져진
그들이 죽은 이 위로 날아가는 동안, 검고 피비린내
나는 물방울들이 연기 나는 전차를 염색했다.
뾰족한 바퀴들은 학살의 더미들을 통해 찢었고,
두껍게 그 신음하는 차축들이 피로 물방울을
떨어뜨렸다.

죽음의 장면 위로 높이 아킬레우스가 섰다. 모두 먼지로 무시무시하고, 모두 피로 끔찍했다. 그러나 여전히 만족하지 못하고 여전히 분노 속에 불꽃으로 있었다. 그런 것이 결코 죽지 않는 명성의 욕정이었다. (폼 미쳤다!)

21

스카만데르 강에서의 전투

시간 배경 : 30일째가 계속된다
장소 배경 : 스카만데르 강둑과 흐름

아킬레우스의 강물 학살과 뤼카온의 비극

   그리고 이제 그들은 크산투스(스카만데르)의 미끄러지는 흐름으로 몰아붙였으니, 크산투스는 제우스의 불멸의 자손이었다. 강은 여기서 달아나는 무리를 나누었다. 일부는 도시로 다양한 평원을 가로질러 날아갔고, 그곳에서 최근에 그들의 군대들이 승리적으로 싸웠지만, 이제 쫓기고 비열한 비행 속에서 떨고 있었다. (이들은 모인 안개로 사투르니아(헤라)가 감싸고, 쫓겨난 자들 뒤에 구름들의 더미를 굴려놓았기 때문이다) 일부는 흐름 속으로 뛰어들었고, 늙은 크산투스는 포효했어요. 번쩍이는 파도들이 하얘진 해변들을 때렸고, 뒤섞인 외침들로 모든 강둑들이 반향했다. 여기 그리고 저기 소용돌이들 속에서 주위를 맴돌며, 펄떡이는 말들과 비명을 지르는 용사들이 익사했다.

그렇게 아킬레우스의 힘에 의해 크산투스 속에 뛰어들어, 소리 내는 파도는 인간들과 말들과 함께 포효했다. 그의 피비린내 나는 창을 영웅은 옆에 던져놓고 (가장자리에 있는 펼쳐진 타마리스크들이 그것을 숨겼다), 그런 다음 신처럼 그의 검으로 그 빠른 파도들에 용감하게 맞섰다. 파도들 위로 높이 휘둘러진 채, 이제 아래로 그는 뛰어들고 그것을 주위로 돌리니, 깊은 곳에서 죽어가는 소리와 함께 물들이 신음했다. 반복되는 상처들이 붉게 변하는 강을 염색했고, 따뜻한 자주색이 조수 위에서 맴돌았다. 거품 나는 홍수를 통해 빠르게 트로이인들이 날아갔고, 바위들이나 구불구불한 동굴들 속에 바싹 누웠다.

마치 거대한 돌고래가 바다를 폭풍우처럼 휘몰아칠 때, 그의 앞에서 물고기들의 무리가 날아갔다. 혼란스럽게 더미들로 쌓여 그들의 가장 깊은 동굴들을 찾고, 혹은 떠다니는 파도들 아래에서 헐떡이고 부풀어 오르는 것과 같았다.

이제 학살에 지쳐 트로이 부대로부터 열두 명의 선택된 젊은이들을 그는 산 채로 땅으로 끌어당겼다. 그들의 풍부한 벨트들로 그들의 포로가 된 팔들을 억제했다. (최근에는 그들의 오만한 장식물들, 그러나 이제 그들의 사슬들이었다.) 이들을 그의 수행원들이 배들로 운반했으니, 파트클로스의 영혼에게 바쳐질 슬픈 희생물들이었다.

그런 다음 다시 한번 그가 홍수 한가운데로 뛰어들자마자, 젊은 뤼카온이 그의 길에 섰다. 그는 프리아모스 왕의 아들이었다. 영웅의 손이 최근에 그의 아버지의 땅에서 포로로 만들었던 그를 말이다. (버즘나무에서 그의 소리 내는 강철이 전차 바퀴의 바퀴살을 만들기 위해 푸른 팔들을 잘랐을 때.) 렘노스 섬으로 그는 왕의 노예를

팔았고, 거기서 이아손의 아들이 요구된 가격을
주었다. 그러나 친절한 아이에티온은 해변에 닿아,
몸값을 지불받은 왕자를 아름다운 아리사베로
날랐다. 열흘이 지났고 그의 아버지의 통치 속에서
그가 다시 자유의 달콤함들을 느낀 이래로였다.
다음 날 인간들이 헛되이 맞서는 그 신이 같은
젊은이를 같은 정복하는 손에게 주었다. 이제 결코
돌아오지 않을, 아래의 그림자들로 더 슬픈 여행을
하도록 운명 지어졌다.

그의 잘 알려진 얼굴을 위대한 아킬레우스가
눈여겨보았을 때, (그는 그의 투구와 가리개를 옆에
던졌고, 야생적인 놀라움과 함께 그리고 들판에
그의 쓸모없는 창과 헛된 방패를 떨어뜨렸다) 떨며
헐떡이며 그가 흐름에서 달아날 때, 그리고 그의
비틀거리는 무릎들을 두드렸다. 영웅이 말했다.

"오, 강력한 신들이여! 무슨 경이로운 것들이 저의 시야를 때리는 것입니까? 우리의 정복하는 무기들이 헛되이 정복하는 것입니까? 확실히 저는 저기 학살된 트로이인들의 더미들이 그림자들로부터 일어나 들판에서 나에게 대담하게 맞서는 것을 보리라 생각했습니다. 이제 포로가 된 제가 그렇게 최근에 묶었고 렘노스에 팔았던 그가 트로이 땅 위를 성큼성큼 걷고 있습니다! 바다의 헤아릴 수 없는 깊은 곳들이 그를 붙잡아두지 않았습니다. 그의 고향 평원에서 그렇게 많은 이들을 막았던 그 깊은 곳들이! 보십시오! 그가 돌아옵니다! 그러면 나의 날아가는 창을 시험해 보십시오! 무덤이 그 방랑자를 붙잡아둘 수 있는지 시험하십시오. 만약 땅이 마침내 이 활동적인 왕자를 붙잡을 수 있다면, 그녀의 강한 움켜쥠이 헤라클레스조차 붙잡아두었던 땅인데 말입니다."

그가 이렇게 말하는 동안 두려움으로 창백한 트로이인은 접근했고, 간청하는 눈물들로 그의 무릎들을 찾았다. 그의 젊은 숨결을 양보하기를 내키지 않으므로, 그리고 죽음의 접근에 떨리는 그의 영혼을 위해서였다. 아킬레우스는 창을 들어 올렸고 상처 입힐 준비를 했다. 그는 그의 발에 입 맞추고 땅 위에 몸을 뻗었다. 그리고 위에서 창이 멈춰 서 있는 동안, 그것의 목마른 끝을 피 속에 담그기를 갈망하며, 한 손은 그들을 가까이 껴안았고, 한 손은 다트를 멈췄다. 이 녹아내리는 말들이 그의 심장을 시험하는 중이었다.

"위대한 아킬레우스여, 당신의 잘 알려진 포로를 보십시오. 다시 한번 뤼카온이 당신의 무릎 앞에서 떱니다. 간청자의 이름에 어떤 연민을 베푸십시오.

당신의 식탁에서 케레스의 선물들을 나눈 그
사람에게 말입니다. 최근에 당신의 정복하는 팔이
그를 렘노스로 날랐습니다. 그의 아버지, 친구들,
그리고 고향 해변으로부터 멀리. 백 마리의
황소들이 그날 그의 가격이었는데, 이제 거대한
금액들이 당신의 자비에 보답할 것입니다. 간신히
비통함들로부터 구원받아 나는 아직 나타납니다.
그리고 겨우 열두 번의 아침 태양들이 저를 여기
보았습니다. 보십시오! 제우스는 다시 저를 당신의
손들에게 복종시키고, 다시 잔인한 운명이 그녀의
희생물을 요구합니다! 나는 프리아모스로부터
그리고 아름다운 라오토에로부터 나왔습니다.
(늙은 알테스의 딸 그리고 레레기아의 상속녀.
그녀는 페다소스에서 그의 유명한 거처를 가졌고,
은빛 사트니오가 흘렀던 들판들을 다스렸습니다.)

두 명의 아들들(아, 불행한 아들들!)을 그녀는 낳았습니다. 왜냐하면 한 창이 각 형제의 피를 마실 것이고, 나는 학살당한 폴뤼도레를 이어받을 것입니다. 그 공포의 팔에서 어떻게 내가 달아날 것입니까? 어떤 악마가 재촉하네. 그것은 저의 죽음의 운명입니다! 만약 여태껏 부드러운 연민이 당신의 마음에 닿았다면, 아, 저를 헥토르의 종류와 너무 많이 같다고 생각하지 마십시오! 같은 어머니가 당신의 간청자에게 숨결을 주지 않았습니다. 당신의 사랑하는 파트클로스의 죽음을 만든 그와 말입니다."

이 말들은 눈물의 소나기와 함께 그 젊은이가 비정할 수 없는 귀들에 말했다.

"삶이나 몸값에 대해 말하지 마라." 그가 대답했다. "파트클로스가 죽었다. 나를 만나는 자는 누구든 죽는다. 헛되이 한 명의 트로이인이 은혜를 구한다. 그러나 가장 적게 프리아모스의 혐오스러운 종족의 아들들은 그럴 수 없다. 그러니 죽어라, 나의 친구야! 슬퍼하는 것이 무슨 소용이 있겠는가? 위대하고 선량한 파트로클로스는 더 이상 없다! 너보다 훨씬 더 나은 그는 죽도록 미리 정해졌다. 그리고 너는 필멸의 존재를 애통해하는가? 자연의 선물들로 장식된 나를, 한 영웅으로부터 한 여신으로부터 태어난 나를 보지 않는가? 그날은 올 것이다 (어떤 것도 돌려놓을 수 없는). 창으로, 화살로 혹은 다트로, 밤에 혹은 낮에, 힘으로 혹은 구상으로, 임박한 죽음과 확실한 운명이 나의 것이다! 그러니 죽어라." 그는 말했다. 그리고 그가 그 말을 하는 순간, 기절하는 젊은이는 그 타격 앞에 가라앉았다. 그의 손은 그것의 움켜쥠을 잊고 창을 놓았고, 그의 떠는 몸 전체가 그의 두려움을 고백했다. 갑자기 아킬레우스는 그의 넓은 검을 펼쳤고, 그의 목에 김이 나는 칼날을 묻었다. 앞으로 젊은이는 쓰러졌고, 땅 위에서 헐떡이며, 뿜어져 나오는 자주색이 목마른 모래를 염색했다.

승리자는 흐름에게 그 시신을 주었고, 이렇게 그를 모욕했다. 파도 위에서 떠다니는 그를 향해. "거기 누워 있으십시오, 뤼카온! 물고기들이 너의 부풀어 오른 시신을 둘러싸고 너의 피비린내 나는 상처를 빨게 하십시오. 거기서 어떤 슬픈 어머니도 너의 장례식을 위해 울지 않을 것입니다. 그러나 빠른 스카만데르는 너를 깊은 곳으로 굴려 보낼 것입니다. 그의 모든 파도가 어떤 물의 괴물을 데려올 것이니, 벌받지 않고 왕들의 지방을 먹기 위해서입니다. 그렇게 트로이, 그리고 모든 트로이 혈통이 멸망하라! 그런 파멸이 그들의 것이고 그런 연민이 나의 것입니다. 이제 너희에게 무슨 소용이 있는가? 숭배받는 스카만데르의 흐름이, 그의 지상의 영예들 그리고 불멸의 이름이! 헛되이 너희의 희생 제물인 황소들이 죽임을 당하고, 너희의 살아있는 말들이 그의 걸프들을 헛되이 배부르게 하네! 이렇게 그는 너희에게 보답합니다. 이 쓰라린 운명으로! 이렇게 그리스의 복수가 완전해질 때까지! 이렇게 파트클로스의 영광스러운 영혼이 속죄되고, 아킬레우스의 짧은 부재가 지불됩니다."

이 허풍스러운 말들은 격노하는 신을 도발했고, 그 격노로 모독된 홍수가 부풀어 올랐다.

어떤 신성한 수단이 아직 그 힘을 사용할 수

있을까? 아킬레우스를 막고 트로이를 구원하기 위해?

그동안 영웅은 무기들 속에 튀어 올라, 위대한 아스테로파이우스에게 치명적인 전쟁을 감행했다. 펠라곤의 아들, 그의 숭고한 혈통은 신성한 흐름인 아크시우스의 근원으로부터 흘렀다. (아름다운 페리보이아의 사랑은 신에게 왕관을 씌웠고, 그의 모든 되흐르는 물들로 주위가 둘러싸여 있었다.) (그녀의 미소에는 풋풋한 설렘이 가득했지만, 아들의 비극은 그녀의 삶을 짓눌렀다.)

그에게 아킬레우스가 돌진했다. 그는 두려움 없이 섰고, 홍수로부터 전진하며 두 개의 창들을 흔들었다. 그 홍수는 그를 펠리데스의 머리 위로 충동했고, 죽은 이들의 더미들로 질식된 그의 물들에 복수하기 위해서였다.

그들이 가까이 다가오자 아킬레우스가 이렇게 시작했다.

"너는 누구인가, 인간 종족 중에서 가장 대담한 자? 누구이거나 어디서 왔습니까? 불행하도다. 그 아버지는 그의 아들이 우리의 저항할 수 없는 분노를 만나는군요."

"오, 펠레우스의 아들이여, 무슨 소용이 있겠습니까? 우리의 빛나는 종족을 추적하는 것이! 부유한 파이오니아의 계곡들로부터 나는 지휘합니다. 내밀어진 창들로 무장한 나의 고향 부대를! 이제 내가 일리온의 명성의 들판들로 도움을 위해 온 지 열 번째 밝은 아침이 빛납니다. 아크시우스는 그의 모든 이웃한 시냇물들로 부풀어 오르고, 넓게 주위로 물에 잠긴 지역을 채우는, 나의 아버지를 낳았습니다. 그의 창은 많은 영광을 얻었습니다. 이제 당신의 팔을 들어 올리고 그 영웅의 아들을 시험하십시오!"

위협하며 그는 말했고, 적대적인 족장들이 전진했다. 한 번에 아스테로파이우스가 각 창을 발사했으니, (그의 두 능숙한 손들이 창을 휘두를 수 있었으므로,) 하나는 쳤지만 헤파이스토스의 방패를 꿰뚫지는 못했다. 하나는 아킬레우스의 손을 긁었고 숫구치는 피가 튀어나왔다. 땅에 박힌 그 무기는 선 채였다.

다음으로 번개처럼 펠레우스의 투창이 날아갔다. 그것의 잘못된 분노는 하늘을 따라 쉿 소리를 냈고, 부풀어 오르는 강둑에 깊이 창이 박혔고, 심지어 중간 땅까지 그리고 거기서 떨렸다.

그런 다음 그의 옆구리에서 검을 펠리데스가 뽑았고, 두 배의 분노로 그의 적에게로 날아갔다.

그 적은 세 번 잡아당겼고 뿌리박힌 나무를 흔들었다. 그의 힘에 반하는 그 무기는 섰다. 네 번째로 그는 헛되이 창을 부수려 시도했다. 그가 서 있는 동안 구부려 그는 평원으로 곤두박질쳤다. 그의 배는 끔찍한 상처로 열렸고, 김이 나는 내장들이 땅 위에 쏟아졌다. 영웅의 발들 아래에 그는 헐떡이며 누워 있었고, 그의 눈은 어두워지고 그의 정신은 달아났다.

그 오만한 승리자가 이렇게 승리하며 말했다. 죽은 이로부터 그의 빛나는 갑옷을 찢어내며.

"그렇게 너의 영광은 끝난다. 신중하게 제우스의 아들들과 다투는 자들이 겪는 운명이 그러하다! 강에서 태어났다고 너는 너의 혈통을 자랑했는가? 그러나 위대한 사투르니우스 제우스가 나의 근원이다. 어찌 감히 너는 너의 물의 자손들을 허풍

떨었는가? 나는 펠레우스, 아이아쿠스 그리고
제우스의 것이다. 이들의 종족은 저들의 그것보다
훨씬 우월하다. 그가 천둥을 치는 것이 흐르는
흐름에게 그러하듯이. 강들이 할 수 있는 것을
스카만데르는 보여줄 수도 있었으리. 그러나 그는
제우스를 두려워하고 그의 아들에게 맞서 싸우지
않는다. 심지어 아켈로우스도 헛되이 다툴 수도
있고, 바다의 모든 포효하는 파도들도
마찬가지이다. 영원한 바다는 그 샘물들로부터
바다들, 강들 그리고 아래의 샘물들이 흐르네.
제우스의 천둥 같은 목소리를 듣는 것을 혐오하고,
그의 깊은 심연들 속에서 두려움에 떤다."

그는 말했고, 그런 다음 강둑에서 그의 투창을
찢어냈고, 그의 피 속에 숨 막히는 용사를
남겨두었다. 떠다니는 조수들이 피비린내 나는

시신을 씻고, 그것에 부딪혔다. 파도가 파도를 이으며, 마침내 강둑들 사이로 굴러 그것은 먹이로 누워 있었으니, 웅크린 장어들 그리고 홍수의 물고기들이었다.

모두 흐름 주위로 흩어지고 (그들의 가장 강력한 자가 죽임을 당했으니) 놀란 페오니아인들은 평원을 따라 휩쓸고 갔다. 그는 그의 분노를 달아나는 무리에 내뿜고, 트라시우스, 아스튀풀루스 그리고 므네수스를 죽였다. 뮈돈, 테르실로쿠스, 아이니우스와 함께 쓰러졌다. 그리고 더 많은 수들이 그의 창에 의해 지옥으로 던져졌을 것이다. 그러나 그의 깊은 걸프들의 바닥에서 스카만데르가 말했다. 해변들이 그 소리를 되돌려주었다.

"오, 필멸의 존재들 중에서 첫 번째여! 신들이

너의 것이므로 용맹함에서는 비길 데 없고
힘에서는 신성한 자여! 만약 제우스가 너에게 모든
트로이인의 머리를 주었다면, 너의 분노가 죽은
이들을 쌓아야 하는 것은 나 위에서가 아닙니다.
보십시오! 저의 질식된 흐름들은 더 이상 그들의
길을 유지할 수 없고, 그들의 평소 공물을 깊은
곳으로 굴려 보낼 수 없습니다. 그러니
돌아서십시오, 격렬한 자여! 우리의 상처 입은
홍수로부터. 만족하십시오. 너의 학살들이 신을
놀라게 할 수도 있었습니다."

인간의 모습으로 그의 눈들 앞에서 고백된, 강은
이렇게 말했고, 그 족장이 이렇게 대답했다.

"오, 성스러운 흐름이여! 당신의 말을 우리는
복종할 것입니다. 그러나 트로이가 예정된 복수를
지불할 때까지는 아닙니다. 그녀의 탑들 안에

맹세를 어긴 무리가 다시 헐떡이고 우리의 무기들 앞에서 떨 때까지는 아닙니다. 오만한 헥토르가 그녀의 성벽의 수호자가, 이 창을 더럽히거나 아킬레우스가 쓰러지는 것을 볼 때까지는 아닙니다."

그는 말했고, 분노로 적에게로 몰아붙였다.

그런 다음 은활의 신 아폴론에게로 노란 홍수는 시작했다. "오, 제우스의 아들이여! 위의 아버지의 명령이 포이보스가 트로이를 방어하는 데 그의 성스러운 화살들을 사용해야 한다고 그리고 (태양의 몰락까지) 그녀가 정복하게 만들어야 한다고 엄숙한 어둠 속에 모든 것의 얼굴을 숨길 때까지, 완전하고 명확하지 않았습니까?"

그는 헛되이 말했다. 그 족장은 놀라움 없이 끓어오르는 파도들을 통해 그의 필사적인 길을

갔다. 그런 다음 그의 분노 속에서 해변들 위로 솟아나, 그의 모든 깊은 곳으로부터 포효하는 강은 포효했고, 그리고 둑을 터뜨렸다. 학살된 이들의 거대한 더미들을 해안으로 토해냈고, 강둑들 주위로 끔찍한 죽은 이들이 던져졌다. 한데 모든 것들 앞에서 파도들은 높이 정렬되었고, 물의 성벽이 달아나는 부대들을 가리고 있었다.

이제 그의 머리 위로 천둥 같은 소리와 함께 터져 나오고, 떨어지는 홍수가 영웅을 주위로 짓누른다. 그의 짐 실린 방패는 돌진하는 조수에 구부러지고, 그의 발들은 위로 떠받쳐져 그 강한 홍수를 겨우 나눈다. 미끄러지고 비틀거린다. 그는 국경에 섰으니, 흐름 위에 걸린 펼쳐진 느릅나무가 있었다. 그는 구부러지는 가지를 움켜쥐고 그의 발걸음들을 멈추려 했지만, 그 식물은 그의 무게에

뿌리째 뽑혀 양보했다. 둑을 들어 올리고 모든 것을
약화시켰다. 시끄럽게 물들은 쏟아지는 소리를
냈다. 두꺼운 나뭇잎들의 그 큰 몸통은 펼쳐져 거친
홍수 위로 다리를 놓았고, 영웅은 멈췄고 이것 위에
그의 무게를 그리고 그의 손 위에 들어 올려져,
수로에서 뛰어내리고 땅을 다시 얻었다.

   그런 다음 야생적인 파도들이 검게 변했고 그
웅성거림이 솟아났다. 신은 추격하고 더 거대한
파도를 던지고, 그리고 둑을 터뜨렸다. 그의 분노가
트로이의 운명인 그 사람을 파괴하려는 야망으로.
그는 호전적인 독수리처럼 그의 속도를 냈고,
(공기의 종족 중에서 가장 빠르고 가장 강한), 창이
날 수 있는 만큼 멀리 아킬레우스는 뛰어 올랐다.
각 도약에서 그의 쨍그랑거리는 갑옷이 울렸다.
이제 여기저기 그는 모든 면으로 돌아서고,

뒤따르는 조수 앞에서 그의 길을 감는다. 파도들은 그가 어디로 휘두르든지 그 뒤를 따라 흐르고, 빠르게 모여 그의 발꿈치들에서 웅성거렸다.

마치 어떤 농부가 그의 정원으로 거품내는 샘물들로부터 부드러운 시냇물들을 가져올 때처럼, 그리고 높은 곳에서 홍수들을 불러 그의 작은 집들을 축복하고, 풍성한 흐름들로 식물들과 꽃들에게 먹이를 준다. 그가 그들의 통로를 막는 어떤 것을 치우자마자, 그의 삽으로 미래의 흐름을 표시할 때, 빠르게 굴러가는 조약돌들 위로 언덕들을 따라 더 시끄럽고 더 시끄럽게 떨어지는 시냇물들이 졸졸 흐른다. 그의 앞에서 흩뿌리며 그들은 그의 고통들을 막고, 미로 같은 방황들 속에서 평원들 위에서 빛난다.

여전히 아킬레우스는 달아났으나, 그의 눈들

앞에서 여전히 빠른 스카만데르는 그가 날아가는 곳마다 굴러갔다. 그의 모든 속도가 그 빠른 홍수들로부터 탈출하지 못했다. 인간들 중에서 첫 번째인 그는 신들에게는 적수가 되지 못했다. 자주 그가 돌아서서 급류에 맞서려 했을 때, 그리고 모든 힘들이 적인지 용감하게 시험하려 했을 때, 그만큼 자주 파도는 물의 산들로 펼쳐져 그의 등 위를 때리거나 그의 머리 위로 터져 나왔다.

그러나 여전히 두려움 없이 그는 그 반대되는 홍수에 용감하게 맞섰고, 여전히 분개하며 파도들 위로 튀어 올랐다. 조수들에 의해 지쳐 그의 무릎들은 노고로 풀리고, 그의 아래에서 씻겨나가는 끈적끈적한 흙이 미끄러졌다. 그때 이렇게 (하늘의 넓은 공간에 그의 눈들을 던지고) 영웅은 화난 신음과 함께 터져 나왔다.

"아킬레우스를 친구로 삼을 신은 없는가? 그의 비참한 끝을 돌려놓을 힘은 없는가? 막아주소서, 오, 제우스여! 이 치욕스러운 날짜를, 그리고 나의 미래의 삶을 운명의 놀림감으로 만드소서! 헛되이 믿었던 하늘의 모든 신탁들 중에서, 그러나 가장 많이는 테티스에 대해 그녀의 아들은 불평해야 합니다. 포이보스의 다트들에 의해 그녀는 저의 몰락을 예언했습니다. 트로이 성벽들 앞에서 영광스러운 무기들 속에서 말입니다. 오, 만약 제가 따뜻한 전투 들판들에서 죽었더라면, 영웅처럼 한 영웅의 팔에 의해 펼쳐졌더라면! 헥토르의 창이 이 두려움 없는 가슴을 찢었을 것이고, 저의 빠른 영혼은 저의 학살당한 친구를 따라잡았으리. 아, 아킬레우스는 수치스러운 운명을 만납니다. 오, 용감하고 위대한 이에게 얼마나 합당하지 않은가!

어떤 비열한 하인처럼, 비 오는 날에 여울을 건너다 급류가 그를 쓸어갈 때처럼, 무시된 시신으로 바다로!" (웃안웃! 웃긴데 안 웃긴 슬픈 현실이라는 듯이 절규했어요.)

포세이돈과 팔라스(아테나)는 그의 구제를 위해 서둘렀고, 이렇게 인간의 모습으로 족장에게 말했다. 바다의 힘이 먼저 말했다.

"너의 두려움을 멈추십시오, 오, 펠레우스의 아들이여! 보십시오! 너의 신들이 나타났습니다. 보십시오! 제우스로부터 너의 도움을 위해 내려온, 호의적인 포세이돈과 푸른 눈의 처녀 팔라스를. 머무르라. 그러면 그 격렬한 홍수는 격노하는 것을 멈출 것입니다. 그의 분노한 파도가 너를 배부르게 하는 것은 너의 운명이 아닙니다. 그러나 너는 하늘이 제안하는 조언에 귀 기울이십시오!

싸움에서 숨 쉬지 말고 너의 검을 멈추지 마십시오.
트로이가 그녀의 달아나는 아들들을 받을 때까지,
모든 그녀의 쫓겨난 부대들이 그녀의 성벽 뒤에서
헐떡일 때까지. 헥토르만이 홀로 그의 치명적인
우연에 맞설 것이고, 헥토르의 피는 너의 창 위에서
연기를 낼 것입니다. 영광은 당신의 것입니다.
운명 지어졌습니다."

신들이 이렇게 말했고, 빠르게 밝은 거처들로
올라갔다.

새로운 열정으로 찔려 이렇게 하늘에 의해
충동받아, 그는 격렬하게 튀어 오르고 들판을
침범했다. 모든 확장된 평원 위로 물들이 퍼졌고,
튀어 오르는 파도들 위에서 부풀어 오른 시체들이
춤을 췄다. 흩어진 무기들 한가운데에 떠다녔고,
그동안 황금 투구들이 그리고 위로 향한 방패들이

굴러다니며 반짝였다. 솟아오르는 조수 위로 높이 도약들과 경계들로 그는 걸어 들어갔고 올랐다. 갈라진 파도는 반향했다.

강 전체가 영웅의 길을 막지 못했고, 팔라스가 그를 불멸의 힘으로 채우는 중이었다.

동등한 분노로 분개한 크산투스는 포효했고, 그의 파도들을 들어 올리고 그의 해변들을 압도했다. 그런 다음 시모이스에게 이렇게 말했다. "나의 형제 홍수여! 이 신을 통제하는 이 필멸의 인간을 서둘러 막으십시오. 그렇지 않으면 우리의 가장 용감한 영웅들이 싸움을 버릴 것이고, 일리온은 그녀의 탑 같은 높이에서 무너질 것입니다. 그러니 당신의 복종하는 흐름들을 부르고 그들에게 포효하라고 명령하십시오. 당신의 모든 수원들에서 당신의 물의 저장물을 부풀리십시오. 부서진 바위들과 죽은 이들의 짐과 함께, 검은 파도를 공격하고 그것을 그의 머리 위로 쏟아부으십시오. 보십시오! 그가 홍수들을 통해 저항할 수 없게 가는 것을, 그리고 대담하게 싸우는 신들이 적이 되게 하라고 명령하는 것을! 그러나 그 힘도 시야에, 신성한 모습도, 우리의 분노가 연합한다면 그에게 어떤 소용도 없을 것입니다. 우리의 검은 걸프들 아래에 짓눌려 그 무기들이 누워 있을 것이고, 그것은 각 트로이인의 눈에서 그토록 무섭게 불꽃을 일으킵니다. 그리고 모래 언덕 아래 깊숙이 던져져, 이 세상의 공포인 그는 잠겨 남아 있을 것입니다. 그런 무거운 폐허가 그 장소를 혼란스럽게 할 것입니다. 어떤 그리스인도 결코 그의 멸망한 유물들을 빛내지 못할 것입니다. 어떤 손도 그의 뼈들을 모으거나 묻지 못할

것입니다. 이것들이 그의 차가운 의식들이고
이것이 그의 물의 무덤입니다."

그는 말했고, 그 족장 위로 맹렬하게 내려왔다.
피로 증가하고 죽은 이들로 부풀어 오른. 그런 다음
그의 침대들로부터 웅성거리며 그는 끓어오르고
격노했다. 그리고 거품이 자주색 파도들 위에서
하얘졌다. 각 발걸음에서 아킬레우스 앞에 붉은
파도가 섰고 그를 피로 짓눌렀다.

두려움이 하늘의 여왕을 만났다. 그녀는
당황하여 보았고, 크게 불렀고 헤파이스토스의
도움을 소환했다.

"일어나십시오! 전쟁으로 일어나십시오!
모욕하는 홍수가 너의 황폐하게 하는 팔을
요구합니다. 너의 모든 불들을 모으십시오! 그들의
도움으로 우리의 명령에 의해 명령되어, 빠른

동풍과 서풍이 돌진하는 동안, 이들은 늙은 오케아누스에서 나의 말로 불 것이고, 붉은 급류를 물의 적에게 쏟아내고, 시신들과 무기들을 하나의 밝은 폐허로 돌리고, 쉿 소리를 내는 강들이 그들의 바닥까지 불타게 하십시오. 가라, 너의 분노 속에서 강력한 자여! 너의 힘을 드러내십시오. 온 홍수를 마시고 타닥거리는 나무들을 집어삼키십시오. 모든 강둑들을 그을리십시오! 그리고 불꽃의 지치지 않는 분노들을 발휘하십시오!"

힘이 없는 신이 그녀의 말에 복종했다. 넓게 들판 위로 그는 끝없는 불꽃을 쏟아냈다. 한 번에 죽은 이들을 소비하고 흙을 말리고 쪼그라든 물들은 그들의 수로에서 끓어올랐다.

가을 북풍이 하늘을 쓸어갈 때처럼, 그리고 즉시 물이 뿌려진 정원들을 마르게 할 때처럼, 그렇게

들판이 보였고 그렇게 땅은 하얘졌으니,
헤파이스토스이 주위로 불타는 폭풍을 숨 쉬는
중이었다.

 갈대들이 무성한 풀 위로 빠르게 그 폐허가
먹이를 잡았고, 가장자리를 따라 흐르는 불꽃이
휘감겼다. 나무들은 불꽃을 내는 줄들로 재로
변했고, 꽃이 피는 로투스와 타마리스크가 불탔다.
넓은 느릅나무 그리고 첨탑처럼 솟아나는
사이프러스, 물의 버드나무들은 불 앞에서 쉿
소리를 냈다. 이제 파도들은 빛나고 물고기들은
숨을 헐떡였고, 장어들은 죽음의 고통들 속에서
비틀거리며 누워 있었다. 이제 위로 펄떡이고 이제
아래로 잠수하는 비늘 달린 물고기들, 혹은
헐떡이며 그들의 배들을 하늘로 돌렸다.

 마침내 강은 그의 나른한 머리를 들어 올렸고,

이렇게 짧게 헐떡이며 신에게 말했다.

"오, 헤파이스토스! 어떤 힘이 당신의 힘에 저항합니까? 저는 기절하고 저는 가라앉습니다. 싸움에 동등하지 않습니다. 저는 항복합니다. 일리온이 쓰러지게 하라! 만약 운명이 결정한다면! 아, 당신의 불 같은 팔들을 저에게 더 이상 굽히지 마십시오!"

그는 멈췄다. 주위로 불타는 큰 불길이, 거품을 내는 물들은 쉿 소리를 냈다. 가마솥 아래에서 불꽃들이 솟아오를 때처럼, 어떤 풍부한 희생제물의 지방을 녹이기 위해, 둥근 불들 그들의 맹렬한 포옹 한가운데에서 물들은 거품을 내고 무거운 연기는 솟아올랐다. 그렇게 갇힌 홍수는 끓어오르고 흐르는 것이 금지되어, 그리고 증기들로 질식되어 그의 바닥이 불타는 것을 느꼈다.

그런 다음 헤라에게 공기의 황제 여왕에게 불타는 강은 그의 간절한 기도를 보냈다.

"아, 왜 사투르니아여! 당신의 아들이 나를 오직 나만을 그의 모든 황폐하게 하는 분노로 싸우게 해야 합니까? 다른 신들에게 그의 무서운 팔을 사용하게 하십시오. 왜냐하면 더 강력한 신들이 트로이의 대의를 주장하니까. 당신이 명령한다면 저는 복종적으로 단념합니다. 그러나 아, 이 모든 것을 파괴하는 손을 거두십시오. 그러니 저의 엄숙한 맹세를 들으십시오. 운명에게 양보하겠다고. 도움 없는 일리온을 그리고 그녀의 예정된 국가를, 그리스가 파괴적인 불꽃으로 그녀를 둘러싸고, 그리고 한 가지 폐허 속에 트로이 이름이 가라앉을 때까지 말입니다."

그의 따뜻한 간청이 사투르니아의 귀에 닿았다.
그녀는 힘이 없는 자에게 그의 분노를 삼가라고
명령했고, 불꽃을 거두고 필멸의 대의 속에서 신을
괴롭히지 말라고 했다. 순종적인 불꽃은 물러났다.
다시 가지를 뻗는 흐름들이 퍼지기 시작했고,
그들의 평소 침대에서 부드럽게 다시 웅성거렸다.

이들이 헤라의 뜻으로 싸움을 포기하는 동안,
싸우는 신들이 맹렬한 다툼에 합류했다. 다시
불붙은 분노가 각 천상의 가슴에 경보를 울렸고,
끔찍한 쨍그랑거리는 소리로 하늘의 무기들이
부딪혔다. 하늘은 시끄러운 천둥으로 나팔을
불도록 명령했고, 아래에서 넓게 찢어지는 땅이
신음했다.

제우스는 그의 놀림감으로 그 무서운 장면을
내려다보았고, 무심한 눈들로 싸우는 신들을

보았다. 전투의 힘 아레스는 그의 놋쇠 창을 들어 올리고, 먼저 전쟁의 빛나는 여왕 아테나(팔라스)에게 공격했습니다.

"무엇이 너의 광기를 움직여 이렇게 하늘의 마음들을 분리시키고 모든 하늘을 싸움에 섞게 하는가? 이것이 무슨 놀라움인가? 너의 광적인 기분 속에서 너는 한 필멸의 인간을 신에게 모욕을 주도록 몰아붙였을 때? 너의 불경한 손은 티데우스의 아들의 투창을 날랐고, 그것을 천상의 피 속에 미친 듯이 담갔다."

그는 말했고, 오랫동안 울리는 방패를 내리쳤다. 그것은 제우스의 천둥을 그것의 무서운 들판 위에 날랐다. 그녀의 아버지의 다이아몬드처럼 단단한 아이기스는, 스쳐가는 번개와 갈라진 불을 돌려놓았다. 그런 다음 여신은 그녀의 강력한 손에

한 돌을 들어 올렸으니, 이웃한 땅의 한계였다. 거기서 가장 오래된 시대들로부터 고정되었던 검고, 바위 같고, 거대한 이것을 그녀는 하늘의 살인자에게 던졌다. 천둥을 치며 그는 쓰러지고, 괴물 같은 크기의 덩어리였다. 그리고 그가 누워 있는 동안 일곱 개의 넓은 에이커를 덮었다. 그 멍해지는 타격은 그의 고집 센 신경들을 풀었고, 크게 들판들 위로 그의 울리는 무기들이 반향했다.

그 경멸하는 여인은 미소들로 그녀의 정복을 바라보았고, 영광스럽게 엎드려진 신을 이렇게 모욕했다.

"아직도 만족하지 않는 분노여! 너는 아테나의 힘이 너의 것을 얼마나 넘어섰는지 알지 못했는가? 너가 반역적으로 맞서기를 감행하는 헤라는, 팔라스의 손에 의해 이렇게 너의 어리석음을 바로잡는다. 이렇게 너의 깨어진 믿음을 정당한 불명예로 맞서고, 트로이의 배신적인 종족에게 편파적인 도움을 준다."

여신은 말했고, 그녀의 눈들을 돌렸다. 그것은 빛나며 주위로 천상의 낮을 퍼뜨렸다.

제우스의 키프리아 딸 아프로디테는 땅에 몸을 숙여, 상처 입은 신에게 그녀의 부드러운 손을 빌려주었다. 느리게 그는 일어서고 고통으로 겨우 숨을 쉬고, 그녀의 아름다운 팔에 기대어 평원을 버렸다.

이것을 하늘의 밝은 여제는 내려다보았고, 조롱하며 전쟁의 승리한 처녀에게 말했다.

"보십시오! 아레스의 편에 어떤 도움이 보이는가! 미소들과 사랑의 정복할 수 없는 여왕! 주의 깊게 보십시오. 어떤 오만함으로 탁 트인 시야에, 그녀가 움직이는지. 만약 그녀가 감히 한다면 팔라스가 추격하게 하십시오."

아테나는 미소 지으며 들었고, 그 한 쌍을 따라잡고 그녀의 가슴 위로 그 방종한 자를 가볍게 쳤다. 그녀는 저항하지 않고 쓰러졌다. (그녀의 정신들은 달아났다.) 땅 위에서 함께 연인들은 펼쳐져 누워 있었다. (사귀는 사이가 아니라 마음의 상처(마상)를 입은 연인처럼 보였죠.)

"그리고 이 영웅들처럼 트로이 성벽을 지키는 모든 이들의 운명이 되기를!" 아테나가 외쳤다. "그리스 신들에게 그런 프리기아인들이 되기를, 아프로디테가 나에게 그렇듯이 그토록 무섭고 그토록 맹렬하게! 그런 다음 가장 낮은 돌로부터 트로이가 움직일 것입니다."

이렇게 그녀는 말했고, 헤라는 미소로 승인했다.

그동안 필멸의 것 이상의 싸움에 섞이기 위해, 바다의 신은 빛의 신에게 도전했다.

"무슨 나태함이 우리를 사로잡았는가? 주위의 들판들이 서로 싸우는 힘들로 울리고 하늘이 그 소리를 되돌려줄 때. 수치스럽게 우리는 수치심과 함께 물러날 것인가? 아무런 행동도 수행되지 않은 채 우리의 올림푸스 아버지에게로? 오라! 너의 팔을 증명하라. 왜냐하면 먼저 전쟁을 벌이는 것은, 나의 위대함이나 우월한 나이에 어울리지 않으니까. 네가 아무리 무모할지라도 오만한 라오메돈의 왕국을 방어하는 것은 너의 것이고, (잘못들과 너 자신의 것을 잊고) 믿음 없는 그 종족을 우리처럼 괴롭히지 않는가? 우리처럼 그들의 현재, 미래의 아들들을 파괴하고, 그리고 그들의 트로이를 그것의 깊은 기초들로부터 들어 올리지 않는가?"

아폴론이 이렇게 말했다. "인류를 위해 싸우는 것은 천상의 마음의 지혜에 잘 어울리지 않습니다. 왜냐하면 인간이란 무엇입니까? 탄생 때부터 비참하고 그들은 그들의 삶과 영양분을 땅에 빚졌습니다. 매년의 잎들처럼 이제 아름다움으로 왕관을 쓰고, 태양에 미소 짓고 이제 땅 위에서 시듭니다. 그들의 자신의 손들에게 그 광적인 장면을 맡기십시오. 그리고 그렇게 비열한 대의에 불멸의 자들을 섞지 마십시오."

그런 다음 그의 얼굴을 돌리고 천상의 불들을 멀리서 내뿜고, 원로 힘으로부터 순종적으로 물러났다.

그가 이렇게 물러나자 아르테미스, 숲의 그늘들의 화살통을 가진 사냥꾼이 꾸짖었다.

"그리고 이렇게 젊은 포이보스가 달아나고, 바다의 백발의 아버지에게 그 호전적인 화려함과 무서운 광경이 뾰족한 화살들과 은활의 전리품을 양보합니까? 얼마나 헛된가? 이제 더 이상 저기 천상의 작은 집에서 당신의 힘이 그 위대한 땅을 흔드는 힘과 겨룰 수 있다고 자랑하지 마십시오."

침묵하며 그는 숲의 여왕이 꾸짖는 것을 들었다. 사투르니아 헤라는 그 허풍 떠는 처녀를 그렇게 참지 않았다. 그러나 격렬하게 이렇게 말했다.

"무슨 오만함이 너의 오만을 하늘의 장엄함에 맞서도록 몰아붙였습니까? 비록 제우스에 의해 여성의 역병으로 구상되어, 여인들의 연약한 종족에게 맹렬할지라도, 비참한 여인은 너의 찌르는 다트를 느낍니다. 호랑이의 심장을 가진 너의 성별의 폭군이여! 비록 숲의 추격에서

무시무시할지라도 너의 확실한 화살들이 야만적인
종족을 꿰뚫습니까? 어떻게 너의 무모함이 신성한
힘들 위로 그 무기들을 사용하거나 너의 힘을 나의
것과 겨룰 것을 감행합니까? 여기서부터 더 이상
불균등한 전쟁을 벌이지 않는 것을 배우십시오."
  그녀는 말했고, 그녀의 열렬한 분노로 그녀의
손목들을 잡았다. 이것들을 그녀의 왼손에 잠그고
그녀의 오른손은 활, 화살통 그리고 그것의 깃털
장식된 오만함을 풀었다. 그녀의 관자놀이들
주위로 바쁜 활이 날아갔고, 이제 여기 이제 저기
그녀는 그 타격으로부터 그녀를 휘감았다.
흩어지는 화살들은 상자로부터 덜컹거리며,
떨어지고 먼지 나는 장소를 한가하게 표시했다.
  재빨리 들판으로부터 좌절된 사냥꾼은
달아났고, 그녀의 눈들 속의 급류를 겨우 억제했다.

마치 매가 위로 그녀의 길에 날개를 달 때, 갈라진
동굴로 부드러운 비둘기가 서둘러가는 것과
같았다. (아직 죽을 운명이 아니니 거기에
안전하게 물러난다.) 그러나 여전히 그녀의 심장은
대리석에 맞서 뛰었다.

   그녀에게 레토가 부드러운 보살핌으로
서둘렀다. 그녀를 보는 헤르메스는 전쟁을 이렇게
거부했다.

   "어떻게 제가 밤으로 하늘을 검게 하는 그에게
기쁨을 주는 그 여인과 맞서겠습니까? 가십시오.
비길 데 없는 여신이여! 하늘들에서 승리하십시오.
그리고 제가 전리품을 양보하는 동안 저의 정복을
자랑하십시오." (알빠노? 나는 싸움 안 해!라는
듯이 말이죠.)

   그는 말했고 지나갔다. 레토는 낮게 몸을 숙여

흩어진 화살들과 떨어진 활을 모았다. 그것은 먼지
위에서 빛나고 여기저기 누워 있었으니,
아르테미스의 전쟁의 불명예스러운 유물들이었다.
그런 다음 빠르게 그녀의 축복받은 거처로 그녀는
추격했고, 거기서 모두 혼란스러워 그녀는
주권자인 신을 찾았다. 울며 그녀는 그의 무릎들을
움켜쥐었다. 그 암브로시아 조끼는 그녀의
한숨들로 흔들리고 그녀의 가슴 위에서 헐떡였다.

  우월한 아버지는 미소 지었고 그녀에게
보여주라고 명령했다. 어떤 천상의 손이 그의 딸의
비통함을 야기했는지? 당황하여 그녀는 그의
자신의 황제 배우자의 이름을 말했고, 창백한
초승달이 그녀의 눈썹들 위에서 희미해졌다.

  하늘에서는 그들이 이렇게 동안 아래로 빠르게
미끄러져, 아폴론가 일리온의 성스러운 도시로

들어갔다. 수호신은 이제 그녀의 성벽들을 위해 떨었고, 운명이 그녀의 몰락을 금했음에도 불구하고 그리스인들을 두려워했다.

전쟁의 경보들로부터 무기들 속의 빛나는 부대들이 돌아왔고, 어떤 이들은 승리 속에서 오만하고 어떤 이들은 분노에 불탔다. 그리고 천상의 아버지 주위로 그들의 왕좌들을 취했다.

피를 통해, 죽음을 통해 아킬레우스는 여전히 계속 나아갔고, 학살당한 영웅들 위로 그리고 굴러가는 말들 위로 나아갔다. 마치 복수하는 불길들이 분노로 몰아붙여 죄 있는 도시들 위로 하늘의 분노를 발휘할 때처럼, 창백한 주민들은 어떤 이들은 쓰러지고 어떤 이들은 달아나고, 붉은 증기들은 모든 하늘을 자주색으로 물들일 때처럼, 그렇게 아킬레우스가 격노했다. 죽음과 끔찍한 당혹감 그리고 노고들 그리고 공포들이 그 무서운 날을 채웠다.

 탑 위에 높이 백발의 프리아모스가 서 있었고, 그의 파괴적인 손들의 황폐함을 주목했다. 그의 팔로부터 트로이인들의 흩어진 비행을, 그리고 그의 시야에 솟아오르는 가까이 있는 영웅을 보았다! 어떤 멈춤도, 어떤 제지도, 어떤 도움도 없다. 약한 걸음으로 그리고 그의 늙은 얼굴에 정착된 슬픔과 함께, 그는 할 수 있는 한 빠르게 한숨 쉬며 성벽들을 떠났다. 그리고 이렇게 내려오며 보초들에게 외쳤다.

 "너희 우리의 도시 문들을 돌보는 자들이여, 너희의 문들을 날아가는 군중에게 넓게 여십시오! 왜냐하면 보십시오! 그는 저항할 수 없는 통치로 옵니다. 그는 오고 그리고 황폐함이 그의 길을 표시합니다! 그러나 우리 군대들이 성벽들 안에 숨을 쉴 때, 놋쇠 막대들을 단단히 잠그고 죽음을 차단하십시오."

이렇게 존경하는 군주가 명령했다. 넓게 던져졌네. 열리는 접힌 문들! 소리 나는 경첩들이 울렸다.

포이보스가 앞으로 돌진하여 날아가는 부대들을 만났고, 학살을 뒤로 때리고 후퇴를 덮었다. 더미들 위에 트로이인들이 문을 얻기 위해 몰려들고, 그들의 운명으로부터 마지막 탈출을 기쁘게 보았다. 그리로 갈증으로 모두 바싹 마른 심장이 없는 무리가 먼지로 백발이 된 그들은 속이 빈 평원을 때렸다. 그리고 헐떡이고 기절하고 노고하며, 도시를 향해 길어지는 더 무거운 걸음들로 나아갔다.

격분한 아킬레우스는 그의 창으로 뒤따랐고,
복수심으로 야생이 되고 전쟁에 만족하지 않았다.
그때 그리스인들은 영원한 찬사를 얻었으리,
그리고 영광 없는 트로이는 그녀의 성벽들로
물러났으리. 그러나 그는, 천상의 불꽃을 던지는
신은, 그녀를 구원하고 그녀의 명성을 되찾기 위해
내려왔다. 젊은 아게노르에게 신성한 힘을 그는
주었다. 그를 돕기 위해 버즘나무 옆에 그는
앉았고, 구름들 속에 싸여 운명의 손을 억제했다.

이제 관대한 젊은이가 아킬레우스를
엿보자마자, 그의 심장은 두껍게 뛰고 혼란스러운
움직임들이 솟아났다. (폭풍 이전에 물들이 부풀어
오르고 굴러갈 때처럼.) 그는 멈추고 그의 강력한
영혼에게 이렇게 질문했다.

"무엇을 나는 이 평원의 공포로부터 달아날

것인가! 다른 이들처럼 달아나고 다른 이들처럼
죽임을 당할 것인가? 헛된 희망! 바로 그 길로 그를
피하는 것은 저기 학살된 트로이인들의 줄이
최근에 밟았던 길을. 아니, 나는 일반적인 더미와
함께 쓰러지는 것을 경멸한다. 그들이 트로이
성벽으로 나를 지나갔다면 어떨까? 내가 저기 저
길로, 이다의 숲들과 주위의 그늘들로 이끄는 길로,
피하는 동안? 그렇게 나는 숨겨진 채 시원한
홍수에 닿을 수도 있고, 나의 지친 몸에서 흙과
피를 씻어낼 수도 있고, 밤이 그녀의 어두운 베일을
확장하자마자, 나의 트로이 친구들에게 안전하게
돌아갈 수 있다. 어떨까? 하지만 왜 이 모든 헛된
논쟁인가? 내가 운명의 손이 닿는 곳 안에서
의심하기 위해 서 있는가? 심지어 지금 내가
성벽을 돌기 전에, 맹렬한 아킬레우스는 나를 보고

나는 쓰러진다. 그런 것이 그의 빠름이고 달아나는 것은 헛되다. 그리고 그런 것이 그의 용맹함이다. 서 있는 자는 죽어야 한다. 어쨌든 국가를 위해 싸우는 것이 더 낫다. 여기서 그리고 공적인 시야에서 나의 운명을 만나는 것이. 그래도 확실히 그도 필멸의 존재이다. 그는 땅의 모든 아들들처럼 강철의 힘을 느낄 수도 있다. 오직 하나의 영혼만이 그 무서운 몸을 채운다. 그리고 제우스의 유일한 호의가 그에게 그의 모든 명성을 준다."

그는 말했고, 그의 힘 속에 모여 섰다. 그리고 그의 뛰는 모든 가슴은 싸움을 주장했다.

마치 어떤 깊이 자란 숲에서 표범이 튀어 오를 때처럼, 다트들의 폭풍에 의해 그의 덤불에서 깨어나, 두려워하거나 달아나는 것을 배우지 않고 그는 외치는 사냥꾼들과 시끄러운 사냥개들의 소리들을 듣는다. 비록 맞았고 비록 상처 입었지만 고통을 겨우 감지하고, 미늘 달린 투창은 헛되이 그의 가슴을 찌른다. 그들의 전체 전쟁에 길들여지지 않은 그 야만인은 날아간다. 그리고 그의 사냥꾼을 찢거나 그의 아래에서 죽는다.

그 못지않게 결연한 안테노르의 용맹한 상속자는 아킬레우스와 맞섰고 전쟁을 기다렸다. 후퇴하는 것을 경멸하며, 높이 앞에 들린 그의 방패(넓은 둘레)를 그는 날랐다. 그런 다음 그가 섰을 때 우아하게 던지려는 행동 속에서 들어 올린 투창을 이렇게 적에게 말했다.

"얼마나 오만한 아킬레우스가 그의 명성 속에서 영광을 얻습니까! 그리고 트로이 이름을 그녀의 폐허들 아래로 가라앉히기를 오늘 희망합니까! 아십시오. 그 희망은 헛됩니다. 천 가지 비통함들,

천 가지 노고들이 남아 있습니다. 부모들과
아이들이 우리의 정당한 무기들을 사용하고,
트로이의 아들들은 강하고 많습니다. 당신이
아무리 위대할지라도 심지어 당신도 피로 물들일
수 있습니다. 이 프리기아 들판들을 그리고 외국의
해변을 누를 수 있습니다."

그는 말했고, 비길 데 없는 힘으로 투창을
던졌다. 그것은 그의 무릎을 쳤고 속이 빈 각반들이
울렸다. 뾰족한 강철 아래에서 그러나 해로부터
안전하게 그는 천상의 무기들 속에 뚫을 수 없는
채로 섰다.

그런 다음 맹렬하게 대담한 적에게 돌진하여,
그의 들어 올린 팔은 치명적인 타격을 준비했다.
그러나 그의 명성을 질투하여 아폴론이 신과 같은
트로이인을 구름들의 베일 속에 감추었다.

추격으로부터 안전하게 그리고 필멸의 시야로부터 닫힌, 명성과 함께 내보내진 총애받는 젊은이는 물러났다.

  그동안 신은 그들의 탈출을 가리기 위해, 아게노르의 습관, 목소리 그리고 형태를 가정하고, 이 변장 속에서 맹렬한 족장으로부터 달아났다. 맹렬한 족장은 여전히 그가 날아가는 곳을 뒤따랐다. 이제 들판들 위로 그들은 길어진 걸음들로 몸을 뻗고, 이제 빠른 스카만데르가 미끄러지는 곳에서 그 경주를 재촉했다. 그 신은 이제 한 걸음도 채 되지 않는 거리에서, 그의 추격을 유혹하고 해변 주위를 맴돌았다. 그동안 날아가는 모든 군대들은 그들의 속도를 사용하고, 더미들 위로 트로이의 성벽들 안으로 쏟아져 들어갔다. 어떤 멈춤도, 어떤 머무름도 없다. 누가 비행으로 혹은 누가 전투로 쓰러졌는지 묻거나 말할 생각도 없다. 모든 것이 소동이고 비행의 폭력이다. 그리고 갑작스러운 기쁨은 혼란스럽고 뒤섞인 놀라움이었다. 창백한 트로이는 아킬레우스에 맞서 그녀의 문들을 닫았다. 그리고 민족들은 그들의 운명으로부터 구원받아 숨을 쉬었다.

22

헥토르의 죽음

영웅의 고독한 결단

 공황적인 두려움에 휩싸인 일리온(트로이) 사람들은 성벽으로 사슴 떼처럼 몰려들었다. 그들은 그 안에서 안전하게 땀방울을 닦았고, 잔을 기울이며 그날의 노고를 잊으려 했다.
 성벽 가까운 평원 위에는 방패를 밀집한 그리스 연합군의 강대한 힘이 행진했고, 트로이 탑들의 그림자 아래로 멀리 퍼져 있었다.

위대한 헥토르는 홀로 남았다. 그는 운명에 묶인 것처럼 스카이아 문 앞에 굳건히 섰다. 여전히 대담하게 싸울 것을 결심했고, 오랫동안 이 도시를 지켜온 수호자였다.

지쳐 있던 아킬레우스에게 아폴론이 돌아서서 (자신의 모든 영광 속에서 불타는 힘임을 인정하며) 말했다.

"펠레우스의 아들이 시야에 두고 쫓는 것은 무엇입니까? 필멸의 속도로 신을 추격하려는 것입니까? 당신에게는 신들을 알아볼 지혜가 주어지지 않았고, 숨겨진 하늘의 흔적을 추적하는 데는 서툽니다. 이제 트로이가 평원을 버린 것이 당신에게 무슨 소용이 있겠습니까? 당신의 지나간 노고와 지금의 노력도 헛됩니다. 그녀의 군대는 이제 성벽 안에 안전하게 들어섰고, 당신의 광적인 분노는 한 신을 공격합니다."

아킬레우스는 격분하며 대답했다. "너무 편파적인 태양신이시여! 나의 승리를 중간에서 막으려 하십니다. 그렇지 않았다면 얼마나 적은 수가 일리온에서 피난처를 찾았을까요! 얼마나 많은 헐떡이는 적들이 이제 땅을 물었겠습니까! 당신은 신의 존재가 가진 힘과 신성한 속임수의 힘으로 나에게서 마땅히 나의 것이어야 할 영광을 빼앗았습니다. 아, 하늘의 혈통을 가진 자에게, 헛되이 불평하는 한 필멸의 인간을 속이는 것은 비열한 명성입니다!"

그 후, 아킬레우스는 무섭고 강하게, 높고 오만한 걸음으로 도시를 향해 탑을 쌓듯 나아갔다. 그의 불타는 갑옷이 섬광을 일으키자, 현명한 프리아모스 왕은 울었다. 그는 (이제 나이로 하얗게 센) 존경스러운 머리를 쳤고, 메마른 팔을 들어 하늘에 간청했다. 그는 아킬레우스의 힘에 감히 맞서기로 결심하고 성문에서 싸움을 기다리는 너무나 사랑하는 아들을 희미한 외침으로 불렀다.

슬픈 아버지는 성벽 위에 서서, 떨리는 손을 내밀어 아들에게 간청했다.

"아, 머무르지 마십시오! 보호받지 않고 홀로 서 있는 헥토르, 나의 사랑하는, 가장 소중하고, 가장 용감한 아들아! 나는 이미 당신이 죽임을 당하여 저 평원의 분노 아래 쓰러지는 것을 보는 것 같습니다. 비정할 수 없는 아킬레우스여, 당신이 모든 신들에게 나에게보다 덜 소중했으면 좋겠습니다! 당신은 야생 독수리들이 해변 주위로

흩뿌리고, 피 묻은 개들이 당신의 피로 더
맹렬해지도록 내버려둘 것입니다. 아킬레우스를
피하십시오. 아직 성벽으로 들어오십시오! 당신
자신을, 당신의 아버지를, 우리 모두를 아껴
주십시오! 당신의 소중한 생명을 구원하십시오."

그는 말했고, 차마 말할 수 없는 행동을 하며
자신의 머리에서 은빛 머리카락을 쥐어뜯었다.

슬퍼하는 어머니 헤카베도 같은 고통을
감당했지만, 그녀의 모든 슬픔도 헥토르의 마음을
돌려놓지 못했다. 그녀는 허리띠를 풀고 가슴을
드러냈으며, 눈물을 빠르게 흘리며 간청했다.

"오, 나의 아들아! 저에게 자비를 베푸십시오.
늙은 어미의 말들을 존경하십시오! 부모의 기도에
귀 기울여 주십시오! 만약 내가 이 사랑스러운 팔들
속에 당신을 안았고, 이 가슴에서 당신의 어린

시절의 소란을 잠재웠다면, 아, 이렇게 우리의 무력한 노년을 버리지 마십시오. 성벽 안으로 안전하게 들어와 적을 물리치십시오. 만약 당신이 홀로 맞서다 쓰러진다면(하늘이 그것을 막아주기를!), 당신의 시신은 상여 위에서 영예를 입지 못할 것이고, 아내도 어머니도 당신에게 눈물로 영광을 주지 못할 것입니다! 우리의 경건한 의식으로부터 멀리 떨어진 그 소중한 잔해는 벌거벗은 평원에서 독수리들을 잔치하게 할 것입니다."

그들은 뺨 아래로 눈물 강물이 흐르는 동안에도, 헥토르의 영혼의 목적은 확고했다. 그는 굳건히 서서, 불 같은 시선으로 아킬레우스의 무서운 전진을 기다렸다.

헥토르와 아킬레우스의 최후의 추격

작은 망루 아래, 방패에 기대어 섰던 헥토르는 그의 강력한 마음에 이렇게 질문했다.

"나의 길은 어디인가? 성벽 안으로 들어갈 것인가? 명예와 수치심이 그 관대하지 못한 생각을 다시 불러낸다. 오만한 폴뤼다마스가 문 앞에서 '거봐, 그의 조언이 너무 늦게 복종되었다'고 선포할 것인가? 그의 현명한 조언을 경멸로 거부했으니, 나는 나의 백성들이 죽임을 당하는 것에서 나의 어리석음을 느낀다. 내 생각에는 고통받는 내 나라의 목소리가 들리네. 그러나 가장 많이는 그녀의 가치 없는 아들들이 나의 귀를 모욕하네. 그들이 나눌 수 없는 그 미덕들을 비난하고, 나의 무모한 용기에 전쟁의 우연을 탓하네. 아니, 만약 내가 다시 돌아간다면 나는 반드시 영광스럽게 나의 나라의 공포를 먼지 속에 눕히고 돌아와야 한다. 혹은 내가 멸망한다면 적어도 들판에서, 그리고 그녀의 성벽을 위해 싸우다가 쓰러지는 것을 그녀가 보게 하라." (이전 밤에 폴뤼다마스의 조언을 무시했던 것은 분명한 '스불재'였다. 이제 와서 '이생망'이라 자조해도 소용없었다.)

이렇게 숙고하는 동안 신과 같은 아킬레우스가 가까이 다가왔다. 헥토르는 그를 보자마자 이상한 공포가 솟아올랐고, 어떤 신에게 맞은 듯 두려워하며 물러나 달아났다. 그는 문들을 떠나고 성벽을 뒤에 남겼다. 아킬레우스는 날개 달린 바람처럼 뒤따랐다.

그들은 트로이 성벽 주위를 세 번 날아갔다. 신들은 하늘에서 이 추격에 열렬히 몸을 기울였다.

제우스는 황금 저울을 들어 필멸의 인간들의 운명을 달아보았다. 헥토르의 운명이 담긴 저울이 낮게 가라앉았고, 죽음으로 무거워져 지옥이 그 무게를 받았다.

그 후 아폴론은 헥토르를 떠났다. 맹렬한 아테나가 아킬레우스에게 날아와 승리적으로 외쳤다.

"오, 제우스가 사랑하는 자여! 오늘 우리의 노고는 멈춥니다. 위대한 헥토르가 쓰러집니다. 폼 미쳤다고 소문이 자자했던 그가 당신의 손에 의해 쓰러집니다. 어떤 힘도 더 이상 그에게 소용없으리. 그의 빛의 신도! 여기서 쉬십시오. 제가 직접 트로이인을 이끌고, 그가 피할 수 없는 운명을 만나도록 재촉할 것입니다."

아테나는 데이포부스와 똑같은 모습으로 불행한

헥토르에게 다가갔다.

"너무 오랫동안, 오 헥토르여! 나는 이 고통의 광경을 보아왔고, 당신의 도망 속에서 슬퍼했습니다. 이제 어떤 신이 내 안에서 내가 당신의 운명을 시험하라고 명령합니다. 싸움의 가장자리에서 우리 머무릅시다. 그리고 이 엄격한 논쟁의 정당한 조건들을 중재하도록 하늘의 높은 힘들을 부릅시다."

"맹세들에 대해 말하지 마십시오." 헥토르가 대답했다. (경멸하는 눈에서 분노가 번쩍였다.) "당신이 혐오받아 마땅한 만큼, 어떤 맹세도 어떤 계약도 아킬레우스는 당신과 맺지 않습니다. 어린 양들과 광견병에 걸린 늑대들이 결합하고, 인간들과 사자들이 합류하는 그런 동맹은 없습니다. 오직 하나의 끊임없는 상태, 영원한 증오와 분노만이 있습니다! 머선129? 이제 더 이상의 구실도 없고 더 이상의 기회도 없습니다. 아테나가 당신을 나의 창에 주었습니다. 당신에 의해 숨결을 빼앗긴 각 그리스 유령이, 이제 주위로 맴돌며 당신을 당신의 죽음으로 부릅니다."

아킬레우스는 그의 투창을 날려 보냈다. 그러나 헥토르는 몸을 굽혀 피했고, 창은 헛되이 날아갔다. 아테나가 그것을 잡아 아킬레우스에게 몰래 돌려주었다.

헥토르는 그의 투창이 헛되이 떨어지는 것을 보았고, 다른 창도 다른 희망도 남아 있지 않았다. 그는 데이포부스를 불렀지만, '갑분싸'처럼 데이포부스는 거기에 없었다. 모든 위로가 없는 채 그는 섰다. 그리고 한숨과 함께 중얼거렸다.

"그렇구나. 하늘이 그것을 원하고 나의 시간이

가깝다! 나는 데이포부스가 나의 부름을 들었을 것이라 생각했지만, 그는 안전하게 성벽 안에 있다. 킹받네! 한 신이 나를 속였구나. 죽음과 검은 운명이 접근한다. 내가 피 흘려야 한다. 그렇다면 운명이여, 환영한다! 내가 멸망하는 것은 사실이다. 그러나 나는 위대하게 멸망하리라. 위대한 행동 속에서 나는 소멸할 것이다. 미래 시대들이 그것을 듣고 감탄하게 하라!" (중꺾마 정신으로 그는 검을 뽑았다.)

아킬레우스는 파트로클로스가 입었던 갑옷의 유일한 틈새, 목과 목구멍 사이를 발견하고 창을 찔러 넣었다. 헥토르는 죽어가는 동안 매장 의식을 간청했지만, 아킬레우스는 비정하게 거부했다. "아니, 저주받은 불쌍한 자여! 나는 그 시신을 개들에게 양도합니다. 트로이가 그녀의 모든 저장물을 가져와 당신의 재를 사려 할지라도, 그들은 더미 위에서 당신의 한 사지라도 독수리들에게서 빼앗지 못할 것입니다."

헥토르는 마지막 숨을 내쉬었다. "당신의 분노는 비정할 수 없는 것을 내가 너무나 잘 알았습니다. 그 격렬한 여신들이 그 비정할 수 없는 가슴을 단련했습니다. 그러나 생각하십시오. 어떤 날이 올 것입니다. 운명의 명령이 그리고 화난 신들이 이 잘못에 대해 당신에게 복수할 것입니다."

그는 멈췄고, 영혼은 애처롭게 방황하는 유령이 되어 음울한 해안을 따라 미끄러졌다.

아킬레우스는 죽은 이의 옷을 벗기고, 그의 시신을 전차에 매달았다. 그의 우아한 머리는 평원을 따라 질질 끌렸고, 모욕하는 군중의 분노에 주어졌다. 몰려드는 그리스인들 중 몇몇은 비열하게 헥토르의 시신을 훼손하거나 조롱했다.
('관중'처럼 행동하는 그리스인들이었다.)

"얼마나 달라졌는가! 최근에 제우스처럼 우리의 함대들에 번개를 보내고 운명을 흩뿌렸던 그 헥토르가!"

아킬레우스는 죽은 이 위로 높이 서서 말했다.

"왕자들과 지도자들이여! 동포들과 친구들이여! 이제 마침내 하늘의 강력한 뜻이 끔찍한 파괴자를 우리의 팔에게 주었으니, 트로이는 이미 무너지지 않았습니까? 이제 트로이는 나에게 무엇입니까? 혹은 영광은 나에게 무엇입니까? 울지 않고 영예롭지 않고 묻히지 않은 채 누워 있는 신성한 파트로클로스여! 나의 소중한 이미지가 나의 영혼에서 떠날 수 있겠습니까? 죽음을 통해 불타고 나의 그림자에 활력을 불어넣을 것입니다. 그동안

너희 그리스의 아들들이여, 승리 속에 헥토르의
시신을 가져오고 너희의 승리의 노래들을
부르십시오. 이것이 노래가 되게 하십시오. 해변을
향해 천천히 움직이며, '헥토르는 죽었다. 그리고
일리온은 더 이상 없다'라고."

그의 사나운 영혼은 복수의 생각에 사로잡혀,
힘줄 같은 발목을 뚫고 끈으로 묶어 헥토르의
시신을 짐마차 뒤에 매달아 끌고 갔다.

어머니 헤카베가 먼저 슬픈 시선으로 보았다.
그녀는 머리칼, 존경스러운 회색을 찢고, 베일을
던져버렸다. 아버지 프리아모스는 몰락하는
국가의 비참한 군주처럼, 다르다니아 문으로
압박했다. 그는 아킬레우스에게 가서 아들의
시신을 돌려달라고 간청하고 싶었다.

한편, 아름다운 안드로마케에게는 아직 그

치명적인 소식이 퍼지지 않았다. 그녀는 궁전의 가장 은밀한 구석에서 우울한 베틀에 몰두하고 있었다. 시녀들은 남편이 돌아와 목욕할 것을 위해 놋쇠 항아리에 물을 헛되이 데우고 있었다. 아아! 그녀의 영주는 더 이상 돌아오지 않으리. 목욕하지 않은 채 그는 해변을 따라 피 흘렸다!

갑작스러운 소란이 그녀의 귀에 닿자, 그녀의 모든 사지가 떨렸다. "아, 나를 따르라!" 그녀가 외쳤다. "무슨 애절한 소음이 나의 귀에 침범하는가? 그것은 확실히 나의 어머니의 목소리다. 저의 비틀거리는 무릎들이 그들의 떨리는 몸을 버리고, 이상한 맥박이 나의 심장에서 펄럭입니다. 저는 나의 헥토르의 두려움 없는 가슴이 아킬레우스에게 맞서는 것을 많이 두려워합니다."

그녀는 성벽에 올라가 땅을 따라 질질 끌려가는 신과 같은 헥토르를 보았다. 그녀의 눈들은 갑작스러운 어둠에 가려졌고, 그녀는 기절하고 쓰러졌다. 그녀의 아름다운 머리칼의 장식들, 베일과 왕관이 멀리 날아갔다. (그녀의 결혼식 날에 아프로디테가 준 선물이자, '최애' 아이템이었다.)

겨우 죽음의 문턱에서 다시 불려 나와, 그녀는 간신히 회복했습니다.

"오, 비참한 아내의 비참한 남편이여! 당신은 그 음산한 영역들로 영원히 갔네! 그리고 저는 버려지고 황량하고 홀로 남았네! 저는 당신과 함께 있을 때 세상의 모든 호기심이 충족되는 것 같았습니다. 당신의 품은 안전한 슬세권이자 저의 분좋카였어요. 지금은 그 시절, 삼귀다 시절의 조심스럽고 풋풋했던 첫사랑의 설렘마저 먼지가 되어 사라진 것 같습니다. 우리의 관계의 깊이를 이해할 수 있을 만큼 성숙한 초보 어른이 되기 전에 당신은 떠나셨군요. 이제 이 모든 상실감과 정서적 교감의 소중함을 이 어린 아들에게 어떻게 가르쳐야 할까요?"

그녀는 자신의 아들 아스티아낙스의 비참한 미래를 한탄했다. "슬픈 고아에게서 그의 아버지의 친구들을 빼앗네. 그는 인류의 비참한 추방자로 나타납니다! 그는 부드러운 섬세함으로 길러져, 왕자들과 함께 놀았지만, 이제 무엇을 겪지 않아야 합니까! TMI지만, 그의 운명은 너무나 끔찍합니다!"

23

파트로클로스를 기리는 장례 경기

슬픔의 도시를 지나와 매장 의식

아킬레우스는 뮈르미돈 병사들에게 말했다. "아직은 아닙니다, 용감한 전우들이여! 김이 서린 말들을 전차에서 풀어주지 마십시오. 우리가 휴식이나 음식을 찾기 전에, 죽은 파트로클로스에게 마땅한 명예를 수행해야 합니다."

군대는 그의 말에 복종했고, 파트로클로스의 시신 주위로 세 번 말들을 몰았다. 눈물이 무기를 씻었고, 비통함은 아킬레우스에게서 가장 두드러졌다.

아킬레우스는 피로 붉게 물든 손을 친구의 차가운 가슴 위에 올려놓고 말했다.

"만세, 파트로클로스! 당신의 영광스러운 영혼이 하데스의 음산한 해안에서 듣고 기뻐하소서. 보십시오! 아킬레우스의 약속이 완성되었습니다. 피비린내 나는 헥토르가 당신의 발 앞에 펼쳐졌습니다. 트로이 혈통의 슬픈 희생물 열두 명도 복수를 위해 거룩하게 즉시 소멸할 것입니다. 그들의 삶은 당신의 장례식 화덕 주위에 쏟아질 것입니다."

뮈르미돈인들은 갑옷을 풀고 즐거운 잔치를

나누었다. (마치 '이모카세'처럼 푸짐하게 차려진 식탁이었다. 잘 먹인 돼지들이 불 위에서 '군싹' 돌게 익어갔다. '돼지런하다'는 말이 딱 맞을 정도로 병사들은 부지런히 먹었다.) 아킬레우스는 잔치에 참여했지만, 그의 마음은 괴로웠다.

아킬레우스는 왕 아가멤논에게 말했다. "제가 당신을 화덕 위에 놓고, 무덤을 세우고 당신의 성스러운 머리카락을 자를 때까지 어떤 물방울도 저를 만지지 못할 것입니다. 적어도 그 경건한 의식들이 제가 사는 동안 저의 슬픔을 달랠 수도 있습니다. 동이 틀 때, 오 인간들의 왕이여! 그리스가 용사의 장례식 화덕을 준비하도록 숲들을 베라고 명령하십시오."

밤이 깊어지자, 아킬레우스는 해변을 따라 바위에 부딪히는 파도 소리 속에서 잠들었다.

그때, 파트로클로스의 유령이 나타나 속삭였다.
"아킬레우스는 잠자는가? 나의 아킬레우스는 파트로클로스가 죽었는데 잠자는가? 나의 창백한 시신이 매장 의식들을 알게 하고, 나에게 아래의 영역들에 입장을 주십시오. 그때까지 영혼은 쉴 곳을 찾지 못하고 방황합니다. 당신도 그것을 기다립니다. 트로이 성벽 앞에서 심지어 위대하고 신과 같은 당신도 쓰러지도록 운명 지어졌습니다. 그러니 들으십시오. 운명과 사랑에서 우리가 합류하듯이, 아! 저의 뼈들이 당신의 뼈들과 함께 쉬도록 허락하십시오! 함께 우리는 살았고, 한 집이 우리를 받았고, 한 식탁이 우리를 먹였습니다. '갓생'을 살았던 우리 두 영웅의 재가 하나의 공통된 무덤에 섞이게 하십시오."

아킬레우스는 깨어나 외쳤다.

"진실입니다! 확실합니다! 인간은 비록 죽었을지라도 그 자신을 일부 유지합니다. 불멸의 마음은 남아 있습니다! 오늘 밤 저의 친구는 저의 옆에 섰습니다. 심지어 지금도 삶에서처럼 친숙하게 그가 왔습니다. 오, 형제 이상인 자여! 각 의식이 지불되었다고 생각하십시오. 한 번의 마지막 포옹을 허락하십시오!"

그는 헛되이 그림자를 움켜쥐려 했고, 혼란스럽게 외쳤다. ("복세편살처럼 단순하게 살았더라면 어땠을까!)" 아킬레우스는 들어 올린 손으로 외쳤다. "당신의 뼈들이 저의 뼈들과 함께 쉬도록 허락하십시오! 디토합니다! 당신의 요청에 동의하고 승인합니다."

아침이 되자, 아가멤논은 의식대로 목재를 실을 노새와 수레를 숲으로 보냈다. 이다 산의 펼쳐진 숲에 도착하자, 도끼가 울리고 떡갈나무들이 머리부터 아래로 쏟아졌다. 그리스인들은 목재를 쪼개고 불태울 준비를 했다. (이 광경은 마치 '레게노'급의 대규모 벌목 작업이었다.)

해변으로 돌아온 그들은 장작더미를 쌓았고, 아킬레우스는 군대들에게 전차를 타고 무장한 채 나타나라고 명령했다. 그들은 차례로 전차를 몰고 나섰다.

아킬레우스는 그의 머리에서 곱슬거리는 노란 머리카락을 잘라 파트로클로스의 차가운 손 위에 놓았습니다. (그의 '최애'인 친구를 위한 마지막 헌사였다.) "아카이아인 이름의 왕들과 왕자들이여! 먼저 우리 아직 남아 있는 불꽃을 검은 와인으로 끄게 하십시오. 그런 다음 의식들이 지시하는 대로, 조심스러운 시선으로 영웅의 뼈들을 선택하십시오. 시성비를 따져야 합니다. 뼈들을 지방에 싸서 황금 항아리 안에 조심스럽게 처리하십시오. 그동안 경건한 손들로 무덤을 세우십시오."

그리스인들은 복종했다. 화덕이 세워지고, 아킬레우스는 희생 제물을 바쳤다. (이때 희생된 트로이 포로들은 자신들이 한순간에 '벼락거지' 신세가 되었음을 한탄했을 것이다.)

아킬레우스는 바람의 신들에게 간청했다. 날개 달린 이리스가 그들의 홀로 서둘러가 서풍과 북풍을 부추겼다. 바람들이 소란스럽게 날아갔다. 폭풍우 치는 무리가 천둥 같은 포효와 함께 터져 나왔고, 트로이는 그녀의 흔들리는 성벽을 따라 돌풍을 느꼈다.

구조물은 포효하는 불들 속에서 삐걱거렸고,

밤새도록 불꽃이 솟아올랐다. 아침이 되자 불꽃은 가라앉았고, 휘파람 부는 바람들은 동굴로 돌아갔다.

파트로클로스의 뼈들은 눈물로 모아져 황금 항아리 안에 놓였다. 그들은 무덤이 솟아오르도록 명령하고, 흙의 부풀어 오른 침대를 쌓아 죽은 이를 기념했다.

장례 경기

아킬레우스는 백성들을 넓은 평원 한가운데로 이끌었고, 전리품들을 나열했다. 항아리, 삼각대, 빛나는 놋쇠 그리고 아름다운 여인 포로들이었다.

"용맹한 그리스인들이여! 경주하는 말들의 통치자들에게 결정된 전리품들을 보십시오. 우리의 활력을 드러낼 시간이 아닙니다. 다른 이들은 그 고귀한 임무를 위해 준비하게 하십시오.
말과 날아가는 전차를 믿는 그들이 말입니다."
아킬레우스는 깔끔하게 경기 시작을 선언했다.
('알잘딱깔센'하게 정리를 마쳤다.)

1. 전차 경주

　경주자들이 일어났다. 개인싸인 에우멜루스가
먼저 희망했고, 그 뒤를 디오메데스가 따랐다.
노련한 네스토르는 아들 안틸로쿠스에게
조언했다. "나의 아들아! 너의 말들은 느리지만,
너의 기술은 목표 주위로 빠르게 날아가는 바퀴를
돌리는 데 있다. 그것은 힘이 아니라 예술이
전리품을 얻는다."

　경주가 시작되자, 디오메데스의 말들이 '폼
미쳤다'는 소리가 나올 정도로 빠르게 달렸다. 그때

아폴론이 디오메데스의 손에서 채찍을 때려 떨어뜨렸다. 아테나는 디오메데스에게 다시 채찍을 주고, 에우멜루스의 전차를 부쉈다. 에우멜루스는 전차에서 떨어져 얼굴이 땅에 부딪혔다. 그는 비참하게 누워 있었다. (이 장면은 완전히 '고답이'처럼 보였다.)

젊은 안틸로쿠스는 좁은 길을 찾아 스파르타 왕 메넬라오스를 앞질렀다. 메넬라오스는 왕보다 먼저 조심스럽게 물러났다. 그는 안틸로쿠스를 꾸짖었다. "가십시오! 격렬한 젊은이여! 관대하지 못하고 현명하지 못한 당신! 개추를 하기는 하지만, 사기에 위증을 더하고 그것을 당신의 것으로 만들지는 마십시오!"

디오메데스가 승리자로 서 있었다. 그의 말들은 땀의 급류를 흘렸다. 기쁨으로 스테넬루스가 전리품을 받았다. ('탕진잼'을 누릴만한 푸짐한 상이었다.)

안틸로쿠스는 메넬라오스에게 사과했다. "당신이 나이가 많고 감각이 더 우월하니. 당신은 익지 않은 나이의 잘못들을 아십니다. 저의 잘못을 용서하십시오." 메넬라오스는 기뻐하며 대답했다. "오 관대한 젊은이여! 당신의 영혼의 확고한 성질을 깨뜨리지는 못할 것입니다. 저는 양보합니다. 저의 영혼이 굴복할 수 있다는 것을 모두가 알게 하십시오."

안틸로쿠스는 전리품을 포기했고, 아킬레우스는 그에게 놋쇠 흉갑을 주었다. (이것이 바로 '억빠'의 효과였다.)

아킬레우스는 젊은이의 태도를 칭찬하며 말했다. "잼얘를 하는 너의 교활한 찬사는 더 나은 전리품을 받을 자격이 있습니다."

2. 권투 시합

　다음 경기는 권투였다. 에페우스가 엄청난 덩치로 일어섰다. "누가 이 노새가 저의 권리임을 부인할 수 있겠습니까? 저는 의심할 여지 없는 승리자입니다. 저의 적은 가까이 오십시오. 그의 모든 뼈들을 부수고 그의 전체 몸을 으깨버릴 것입니다!"

　에우뤼알루스가 그의 상대였다. 에페우스가 무거운 타격을 그의 뺨에 정통으로 꽂자, 에우뤼알루스는 쓰러졌고, 피를 쏟아냈다. 그의 친구들은 그를 부축하여 끌고 갔다. 너무 비싸게 구매된 잔이었다.

3. 레슬링

 레슬링을 위해 탑 같은 아이아스와 교활한 오디세우스가 일어섰다. 그들은 엄격하게 껴안았고, 온몸에 땀이 흘렀다. 그들의 힘줄과 뼈가 서로 부딪히며 소리를 냈다. 오디세우스는 기술로 아이아스의 힘을 전복시킬 수 없었고, 아이아스의 힘도 오디세우스의 경계하는 조심성을 넘어뜨릴 수 없었다. 오디세우스는 '꾸안꾸'처럼 자연스러운 몸놀림으로 아이아스의 힘을 흘려보냈다.

 아이아스는 오디세우스를 들어 올리려 했고, 오디세우스는 그 힘을 피해 그의 발목을 쳤다. 아이아스는 똑바로 누워 쓰러졌고, 오디세우스가 그의 가슴 위에 누워 있었다. 아이아스는 오디세우스를 들어 올리려 했지만 실패했고, 그들은 나란히 쓰러졌다.

아킬레우스는 중단시켰다. "오 나의 친구들이여! 너희의 고귀한 활력을 억제하십시오. 너희 둘 다 이겼습니다. '육각형 인간'처럼 보이는 두 사람이 싸우니, 케바케로 승패가 갈리지 않는군요. 이제 뛰어난 다른 이들이 용맹을 증명하게 하십시오."

4. 달리기 경주

다음은 달리기 경주였다. 오일레우스의 아들 아이아스, 오디세우스, 그리고 안틸로쿠스가 나섰다. 아이아스가 경주를 이끌었고, 오디세우스는 그의 뒤에서 그림자처럼 따라붙었다. 오디세우스는 팔라스 아테나에게 기도했고, 여신은 그를 수영하는 것처럼 밀어 올렸다.

맹렬하게 달리던 아이아스는 미끄러운

해변(희생 제물의 피와 똥으로 막힌 곳)에서 비틀거렸다. ('웃안웃' 상황이었다. 슬픈 장례식장의 비극적인 개그.) 그는 쓰러져 흙으로 얼룩졌다.

좌절된 아이아스는 그리스인들에게 말을 걸었다. "저주받은 운명! 정복을 저는 포기합니다. 필멸의 인간인 저에게 여신이 저의 적이었습니다. 어쩔티비!" 그는 흙과 피를 뱉어내며 울었고, 웃음의 폭발이 해변을 통해 메아리쳤다.

안틸로쿠스는 마지막 전리품을 취하며 농담을 던졌다. "왜 우리가 더 현명한 노인들과 다투어야 합니까? 신들은 여전히 그들을 사랑하고 그들은 항상 번성합니다. 당신들은 보십니다. 제가 아이아스에게 전리품을 양보해야 한다는 것을. 저는 '제당슈만'처럼 당돌한 젊은이일 뿐이고,

'아싸'처럼 뒤처진 아이아스는 '걱정좌'가 될 필요가 없습니다." ('잼애피커'인 관중들은 박수쳤다.)

펠리데스가 외쳤다. "당신의 교활한 찬사는 더 나은 전리품을 받을 자격이 있습니다." 안틸로쿠스는 황금 달란트를 받고 만족하여 떠났다.

5. 일대일 전투

다음은 일대일 전투였다. 사르페돈의 갑옷이 전리품으로 걸렸다. 위대한 디오메데스와 텔라몬의 아이아스가 나섰다. 그들은 빛나는 강철 속에 싸여 찡그리며 만났다. (디오메데스는 아이아스의 갑옷을 보며 "완내스"라고 속으로 감탄했다.)

그들은 세 번 공격을 시작했다. 아이아스의 창은

디오메데스의 넓은 방패를 통해 만들어졌으나, 코르셋에서 멈췄다. 디오메데스의 투창은 방패 가장자리 위로 목을 향해 몰아붙였다. 두 거구가 서로의 방패에 기댄 채 격렬하게 '삼귀다'처럼 밀착하여 싸우는 모습은, 보는 이들에게 전율과 동시에 깊은 관계에서 오는 긴장감을 주었다.

그리스는 영웅의 삶을 위해 떨었고, 싸움을 멈추라고 명령했다. 디오메데스가 승리자의 몫인 검과 벨트를 얻었다.

6. 원반 던지기

다음은 철 원반 던지기였다. 아킬레우스는 "누가 가장 멀리 던지든 그것을 그의 전리품으로 취하십시오"라고 말했습니다.

엄격한 폴뤼포이테스, 레온테우스, 위대한

아이아스, 그리고 에페우스가 겨루었다.
폴뤼포이테스의 팔에서 원반이 노래했고, 모든 것을 넘어 가장 멀리 날아갔다. (승리한 영웅은 이 원반만 있으면 '소확행'을 누리며 철 재고 걱정 없이 살 수 있었다.)

7. 활쏘기

  다음은 활쏘기였다. 돛대 꼭대기에 묶인 비둘기가 표적이었다. 테우케르와 메리온이 겨루었다. 테우케르가 먼저 쏘았으나, 그는 아폴론에게 맹세하지 않았기 때문에 화살은 비둘기를 빗나갔지만 끈을 잘라냈다. ('알빠노' 하는 것처럼 신에게 기도하지 않은 대가였다.) 자유로워진 새는 하늘로 날개를 펼쳤다.

  메리온은 활을 잡고 신에게 간청하며 비둘기를

쫓아 화살을 쏘았다. 비둘기는 구름들
한가운데에서 꿰뚫는 화살을 느꼈고, 피 흘리는
채로 땅에 떨어졌다. 용감한 메리온이 전리품을
날랐다.

8. 투창 던지기

　마지막 경기는 투창 던지기였다. 위대한
메리온과 인간들의 왕 아가멤논이 나섰다.
　아킬레우스는 아가멤논에게 존경스럽게 말했다.
"오 민족들의 왕이여! 당신은 미덕에서 첫
번째입니다. 힘에서 최고이듯이 당신의 모든
그리스인들이 선포합니다. 모든 호전적인
경기에서 당신의 가치를 증언하고, 당신을 그들의
가장 위대하고 가장 훌륭한 '최애'로 압니다.
그러니 전리품을 취하십시오. 그러나 용감한

메리온이 당신의 형제의 전쟁에서 이 빛나는
투창을 나르게 하십시오."

  아킬레우스의 찬사를 듣는 것을 기뻐하며,
아가멤논은 메리온에게 놋쇠 창을 주고 경기는
끝이 났다.

# 24

헥토르 시신의 반환

아킬레우스의 슬픔과 신들의 분노

헥토르의 시신이 아킬레우스의 천막에 누워 있은 지 열두 날이 되었다. 그리스 군대는 장례 경기를 마치고 편안히 잠들었으나, 아킬레우스는 그렇지 않았다. 슬픔에 잠긴 그는 잠의 선물 조차 거부했다. 불안하게 침상 주위를 굴러다니며, 친구 파트로클로스의 소중한 이미지를 마음속에서 되새겼다. (이것은 마치 '내 또출'을 걱정하는 직장인처럼, 영원히 끝나지 않는 고통의 루틴이었다.)

낮이 오자마자 그는 전차에 헥토르의 시신을 매달아 파트로클로스의 무덤 주위를 세 번 질질 끌고 다녔다.

더러운 먼지 속에 방치된 시신이었지만, 신들의 연민으로 훼손되지 않았다. 아폴론은 자신의 황금 방패로 시신을 덮어 상처와 더러움으로부터 보호했다.

열 번째 아침이 밝았을 때, 신들이 모인 하늘에서 아폴론이 말했다.

"무자비한 신들이여! 헥토르가 얼마나 자주 각 신전에 희생 제물을 바쳤습니까? 그런데도 그의 차가운 잔해를 계속 추구할 수 있습니까? 왜 그의

시신을 트로이인들의 눈앞에 아까워하고,
장례식의 마지막 슬픈 영예를 부정하는 것입니까?
저 철의 심장을 가진 아킬레우스는 야만적인
기쁨으로 살인하기를 서두르고, 오만함 속에서
인간과 신의 법률을 위반합니다. '추구미'가 복수심
밖에 없으니, 그는 악의 정점에 있습니다!"

  헤라가 대답했다. "만약 두 영웅에게 동등한
명예가 주어졌다면, 활의 신 아폴론에게는 할 말이
있을 것입니다. 그러나 헥토르는 고작 필멸의
여인에게서 태어났지만, 아킬레우스는 우리
자신의 천상의 종족입니다. 우리는 그의 결혼식에
참석했습니다. 이 비극의 원인은 트로이 왕자
파리스가 큐프리아 여신 아프로디테의 매력을
택했기 때문입니다. 트로이에 대한 저의 분노는
식지 않을 것입니다!"

제우스가 헤라에게 말했다. "당신의 분노가 하늘의 궁정을 불태우게 하지 마십시오. 헥토르는 모든 트로이 종족 중에서 우리의 특별한 은혜를 받을 자격이 있습니다. 그는 항상 우리의 신전 위에 감사한 제물을 놓았으니까요. 몰래 시신을 낚아채는 것은 하지 않을 것입니다. 테티스에게 가서 나의 명령을 전하십시오. 그녀의 아들이 하늘의 분노를 너무 멀리 유혹하고 있다고 말하십시오. 몸값을 받고 시신을 돌려주게 하십시오. 슬퍼하는 아버지 프리아모스는 이리스가 준비시켜 선물과 함께 갈 것입니다."

프리아모스의 비통한 여정

테티스는 제우스의 명령을 듣고 아킬레우스에게 갔다.

"얼마나 오랫동안 불행한 자여! 너의 슬픔들이 흐를 것입니까? 음식을 잊고, 혹은 사랑을 잊고, 즐거운 통치가 지친 삶을 달래는 것을 잊지 마십시오. 당신은 오래 살지 않으리. 제우스께서 당신이 하늘의 분노를 너무 멀리 유혹하는 것을 금하십니다. 그러니 몸값에 양보하고 헥토르를 돌려보내십시오."

아킬레우스는 대답했다. "그에게 몸값을 주게 하십시오! 우리는 복종합니다. 그런 것이 하늘의 뜻이니."

제우스는 이리스를 프리아모스에게 보냈다. 이리스는 트로이 궁정에 도착했고, 슬픔에 잠겨 재를 뒤집어쓰고 누워있는 프리아모스에게 속삭였다.

"두려워하지 마십시오, 오 아버지여! 저는

제우스로부터 왔습니다. 그는 당신에게 이 성벽을 떠나 선물과 함께 아킬레우스에게 가서 헥토르의 시신을 얻어오라고 명령합니다. 당신은 죽음도 위험도 두려워하지 않을 것입니다. 헤르메스가 당신의 삶의 수호자가 되어 당신의 길을 인도할 것입니다."

왕은 이 말을 듣고 즉시 나아갈 준비를 했다. 왕비 헤카베는 왕을 붙잡고 울부짖었다.

"아, 당신의 병든 마음은 어디로 방황하는 것입니까? 당신은 그 철 심장의 살인자에게 홀로 가려 합니까? 그는 자비를 모르는 자입니다. '고민세'를 냈다고 생각하고 포기하십시오! 당신의 나이도, 위엄도 헛됩니다. 차라리 여기에 갇혀 우리가 슬픔에 살아야 할 비참한 날들을 주십시오."

프리아모스는 대답했다.

"나를 멈추려 하지 말고 나의 영혼을 밤의 새처럼 놀라게 하지 마라. 하늘이 나에게 명령한다. 나는 간다. 너희 신들이여, 너희의 부름에 복종하여. 만약 저기 군영에서 너희의 힘들이 나의 몰락을 운명지었다면, 만족한다. 학살당한 아들에게 비참한 아버지를 더하라! 적어도 한 번의 차가운 포옹이 허용될 수도 있다."

그는 보물 창고에서 값비싼 양탄자, 망토, 금 달란트, 그리고 큰 잔들을 꺼냈다. (갑통알처럼 모든 재산을 털어 넣는 심정이었다.)

프리아모스는 전차에 짐을 싣는 하인들에게 분노를 터뜨렸다. "무엇을 너희는 여기서 만드는가? 이 분주한 군중들! '알빠노?' 나는 너희의 비통함의 구경거리가 되었느냐? 위대한 헥토르가 나 홀로 잃어버려진 것이 아니다. 너희의 유일한 방어자가 사라졌다! 오, 신들이여! 그 슬픈 날이 오기 전에, 나를 기꺼이 하는 유령으로 하데스의 음산한 돔으로 보내소서!" (마상을 입은 왕은 아들들을 나무랐다.)

아들들은 아버지를 진정시키고 노새와 전차를 준비했다. 왕비 헤카베는 황금 잔에 와인을 담아 제우스를 위한 제주를 바치며 왕의 안전을 빌었다. 왕은 기도했고, 제우스는 그의 기도를 듣고 그의 새, 페르크노스(독수리)를 급파했다. 깃털이 넓게 펼쳐진 독수리가 오른쪽 하늘에 나타나자, 프리아모스는 용기를 얻고 '가보자고' 외치며 떠났다.

헤르메스의 안내와 시신의 반환

프리아모스와 전령 이데우스가 잠시 멈췄을 때,

헤르메스가 젊은 왕자처럼 나타나 그들을
맞이했다. 헤르메스는 왕에게 위험을 경고하며
자신이 그리스인의 편이지만, 프리아모스의
슬픔에 감동하여 돕겠다고 말했다.

"당신은 외로운 평원들을 통해 무엇을
운반하는가? 당신의 저장물들 중에서 아직 가장
소중한 것이 남아 있는 것을, 어떤 친절한 손과
함께 안전하게 보관하기 위해 말입니다."

헤르메스는 왕을 아킬레우스의 천막으로
안전하게 인도했다. 헤르메스는 보초들에게 깊은
잠을 쏟아부었고, 무거운 문들을 열었다. (이것은
마치 '럭키비키'의 행운처럼 기적적인 통과였다.)

헤르메스는 왕에게 그의 정체를 밝히고
사라졌다.

"저는 헤르메스입니다. 예술의 왕 제우스의

전령입니다. 이제 두려움 없이 들어가 당신의
기도들을 올리십시오. 당신의 아버지를 생각하고
이 얼굴을 보십시오!"

프리아모스는 아킬레우스 앞에 엎드려 그의
무릎을 껴안고, 아들의 피로 더럽혀진 그의 손에
입을 맞추었다.

"아, 당신은 신성한 힘들의 총애를 받은 자여!
당신의 아버지의 나이를 생각하고 저의 것을
가엾이 여겨주십시오! 저 안에서 그 아버지의
존경스러운 이미지를 추적하십시오. 은빛
머리카락, 존경스러운 얼굴을 보십시오! 그의 모든
것과 동등하지만 비참함에서는! 저의
슬픔들에게는 어떤 위안도 어떤 희망도 남아 있지
않습니다. 저의 가장 훌륭하고 가장 용감한
아들들은 죽임을 당했습니다! 그를 위해 적대적인

진영들을 통해 나는 저의 길을 굽혔습니다. 당신의 분노에 비례하는 많은 선물들을 나는 나릅니다. 오, 그 비참한 자의 말을 들으십시오. 당신의 아버지를 생각하고 이 얼굴을 보십시오!"

분노의 연민으로의 전환

이 말들은 아킬레우스에게 부드러운 연민을 불어넣었다. 그는 프리아모스의 뺨을 부드럽게 돌려놓고 그를 일으켰다. 두 사람은 차례로 슬픔을 터뜨렸다. 아킬레우스는 그의 아버지를 슬퍼하고, 그의 친구를 애도했다. (이 정서적 교감은 초보 어른들에게도 삶의 깊이를 가르쳐주는 꿀잼 장면이었다.)

아킬레우스는 왕을 달래기 위해 말했다.
"아, 당신은 무슨 고뇌의 무게를 알았습니까?

불행한 왕자여! 제우스의 높은 왕좌 옆에는 항상 두 개의 항아리가 서 있습니다. 하나는 악이고 하나는 선입니다. 가불처럼, 가장 행복한 자들도 행복함을 진심으로 맛보지 못하고, 활력 주는 한 모금에 보살핌이 섞여 있는 것을 발견합니다. 슬퍼하는 것은 소용없습니다. 인간은 견디기 위해 태어났습니다."

왕은 다시 간청했다.

"오, 하늘들의 총애를 받은 자여! 저에게 헥토르를 주십시오. 저의 눈들에 그의 시신을 돌려주십시오. 그리고 선물들을 취하십시오. 당신은 당신이 할 수 있는 대로 이 끝없는 저장물들을 즐기십시오."

아킬레우스는 대답했다. "더 이상 저를 움직이지 마십시오. 너의 헥토르를 양도하는 것은 나 자신이

의도합니다. 제우스의 명령을 무시하여, 제가
당신에게 보여줄 것입니다. 왕이여, 당신은
적대적인 땅을 밟고 있다는 것을."

아킬레우스는 곧바로 헥토르의 시신을 씻고
기름 발라 옷을 입혔다. 아킬레우스는 사랑하는
파트로클로스의 영혼을 부르며 시신을 전차 위에
놓았다.

"만약 결코 빛을 알지 못할 그 음울함 속에서,
필멸의 인간들의 행동들이 아래의 유령들을
만진다면, 오 친구여! 제가 (이렇게 헥토르를
돌려보내며) 하늘의 의심할 여지 없는 뜻을
이행하는 것을 용서해 주십시오. 당신과 내가
나누었던 관계의 깊이를 헥토르가 이해할 수는
없겠지만, 이 웅장한 제물과 나의 슬픔은 영원히
당신의 것이 될 것입니다. 당신은 나의 영원한

최애이자 첫사랑의 풋풋한 설렘을 주었던
친구입니다."

아킬레우스는 프리아모스에게 말했다. "당신의
헥토르를 묻기 위해 어떤 시간을 요구합니까?"
프리아모스는 아홉 날의 슬픔의 시간과 열두 번째
날에 전쟁을 재개할 것을 요청했고, 아킬레우스는
허락했다.

아킬레우스는 그의 연인 브리세이스가 기다리는
천막으로 돌아갔다.

대단원—트로이의 장례식

날이 밝자마자 카산드라가 트로이 첨탑에서
아버지의 슬픈 행진과 헥토르의 시신을 보았다.
"너희의 발걸음들을 여기로 그리고 너희의
눈들을 여기로 돌리십시오! 너희 비참한 딸들이여!

이제 그가 죽은 것을 만나십시오. 그리고 너희의 슬픔들이 흐르게 하십시오. 너희의 공통된 승리 그리고 너희의 공통된 비통함을."

온 트로이 백성이 슬픔 속에서 스카이아 문으로 달려 나왔고, 왕이 그들을 진정시켰다.

"멈추시오! 이 비통함들의 폭력을. 먼저 궁전으로 그 전차가 나아가게 하십시오. "

궁전에 도착한 후, 안드로마케가 먼저 시신에게 달려가 한탄했다.

"오, 나의 헥토르! 이 갈망하는 눈들로부터 너의 꽃다운 젊음 속에서 채여갔구나! 당신과 나의 정서적 교감은 이제 이 잔해 속에 갇혔습니다. 당신의 강인하고 호기심 많던 눈빛을 더 이상 볼 수 없군요. '추구미'가 당신의 복수인 아킬레우스에게 우리 아들이 살해당할 것입니다.

왜 당신은 나에게 당신의 죽어가는 손을 주지 않았습니까? 그리고 왜 나는 너의 마지막 명령을 받지 않았습니까?"

헤카베의 한탄이 이어졌다. "오, 너는 나의 심장에 가장 훌륭하고 가장 소중한 자여! 나의 모든 종족 중에서 너는 하늘에 의해 가장 승인받았고, 그리고 죽음 속에서도 불멸의 자들에게 사랑받았구나!"

슬픈 헬레나가 다음으로 나타났다.

"아, 가장 소중한 친구여! 신들이 당신 안에 가장 온화한 방식들과 가장 용감한 마음을 합류시켰네. 당신의 따뜻한 시선 덕분에, 제가 이 도시에서 '아싸'가 되지 않을 수 있었습니다. 파리스와 함께했던 첫사랑의 풋풋한 설렘은 이제 먼 옛날의 이야기입니다. 저의 관계의 깊이를 유일하게 인정해 준 당신. 제가 야기한 그 운명을 저는 영원히 애통합니다. 이제 당신이 갔으니, 트로이의 넓은 거리들을 통해 버려진 채 저는 방황할 것입니다!"

 프리아모스는 슬픔을 멈추고 장례식을 준비하라고 명령했다. 트로이인들은 아홉 날 동안 숲을 베어 장작더미를 세웠고, 열 번째 날에 헥토르의 시신을 화덕에 올렸다. 모든 의식이 끝난 후, 그들은 헥토르의 뼈를 금 항아리에 담고 무덤을 세웠다.

[맺음말]

 트로이가 목마 계략으로 헥토르의 죽음 직후 함락되었다는 것은 굳이 언급할 필요가 없을 것이다. 그 자세한 이야기는 베르길리우스의 《아이네이스》 제2권에 묘사되어 있다.

 아킬레우스는 헥토르가 죽을 때 예언했듯이 파리스의 화살을 발뒤꿈치에 맞고 트로이 앞에서 쓰러졌다. 그러나 불행한 프리아모스는 아킬레우스의 아들 피로스(Pyrrhus)에게 살해당하고 말았다. 아이아스는 아킬레우스의 죽음 후 헤파이스토스의 갑옷을 두고 오디세우스와 다투었으나 목적을 이루지 못하자 분노를 이기지 못하고 스스로 목숨을 끊었다.

 헬레나는 파리스가 죽은 뒤 그의 형제인 데이포부스와 결혼했으나, 트로이가 함락될 때 그녀의 첫 남편인 메넬라오스와 화해하기 위해 그를 배신했고 다시 메넬라오스의 총애를 받았다.

아가멤논은 고향으로 돌아와 그의 아내 클리타임네스트라(Clytemnestra)의 사주를 받은 아이기스투스(Ægysthus)에게 잔인하게 살해당했다. 클리타임네스트라는 아가멤논이 자리를 비운 동안 아이기스투스와 불륜을 저질렀기 때문이다.

디오메데스는 트로이 함락 후 고향에서 추방당했다. 그러나 아풀리아(Apulia)의 다우누스(Daunus)에게 받아들여져 그의 왕국을 함께 다스렸다. 그가 어떻게 죽었는지는 알려지지 않았다.

네스토르는 그의 고향인 필로스(Pylos)에서 자녀들과 함께 평화롭게 살았다. 오디세우스 또한 바다와 육지에서 셀 수 없는 고난을 겪은 후 마침내 안전하게 이타카로 돌아왔다.

〈끝〉

003 · 3/3
fly over an apartment with silver wings

일리아스 III

2025년 11월 17일　　초판 발행

저　자	호메로스
편역자	제미나이 · S
발행인	송광헌
기획자	송재준
펴낸곳	**복두(더)**
	출판등록	1993년 11월 22일 제10-902호
	주소	서울 영등포구 경인로82길 3-4 807호
	전화번호	02-2164-2580 팩스	02-2164-2584
	이메일	info@@bogdoo.co.kr
	홈페이지	www.bogdoo.co.kr

ISBN 979-11-6675-672-6 (04890)
ISBN 979-11-6675-668-9 (04890) (세트)

값 6,000원

- 이 책은 저작권법에 따라 보호를 받는 저작물이므로 무단 전재와 복제를 금합니다.
- 이 책 내용의 전부 또는 일부를 이용하려면 반드시 지은이와 복두출판사의 동의를 받아야 합니다.